搏击健身全书

视频版

TOTAL KNOCKOUT FITNESS

[英] 马丁·麦肯齐　　斯蒂芬妮·基什内　著
（Martin McKenzie）　（Stefanie Kirchne）

韩克 译

人民邮电出版社
北京

图书在版编目（CIP）数据

搏击健身全书：视频版 /（英）马丁·麦肯齐
(Martin McKenzie)，（英）斯蒂芬妮·基什内
(Stefanie Kirchne) 著；韩克译. — 北京：人民邮电
出版社，2021.6
ISBN 978-7-115-55071-2

Ⅰ. ①搏… Ⅱ. ①马… ②斯… ③韩… Ⅲ. ①搏击—
健身运动 Ⅳ. ①G852.4

中国版本图书馆CIP数据核字(2020)第203966号

版权声明

免责声明

本书内容旨在为大众提供有用的信息。所有材料（包括文本、图形和图像）仅供参考，不能替代医疗诊断、建议、治疗或来自专业人士的意见。所有读者在需要医疗或其他专业协助时，均应向专业的医疗保健机构或医生进行咨询。作者和出版商都已尽可能确保本书技术上的准确性以及合理性，并特别声明，不会承担由于使用本出版物中的材料而遭受的任何损伤所直接或间接产生的与个人或团体相关的一切责任、损失或风险。

内 容 提 要

　　本书由世界顶级运动员的教练和顾问马丁·麦肯齐及营养治疗师斯蒂芬妮·基什内联合创作。搏击健身是一项独特的热量消耗型项目，它融合了有氧与无氧运动，是塑形和提高体能水平的绝佳方式，因此深受拳击冠军、精英运动员、健身爱好者等的喜爱。本书从搏击健身的基础知识开始，分别介绍了进行这项运动所需要的器材，与之相关的饮食与营养学，热身方法，以及姿势、步法、出拳等搏击技术。不仅如此，书中还提供了基础的体能测试方法与评估标准，能够帮助读者从一开始便对自己的身体状况有客观的认识，在此基础上选择适合自己身体水平的柔韧性训练、有氧训练、力量与爆发力训练及全身训练，在科学训练的前提下，帮助读者增强心肺机能和耐力，燃烧热量，获得理想的身材和更好的精神状态。

　　本书适合有减脂塑形需求但工作忙碌的白领、健身爱好者以及有志于从事搏击健身教练相关工作的专业人士阅读。

◆ 著　　　　[英]马丁·麦肯齐（Martin McKenzie）
　　　　　　　斯蒂芬妮·基什内（Stefanie Kirchne）
　　译　　　　韩　克
　　责任编辑　裴　倩
　　责任印制　周昇亮
◆ 人民邮电出版社出版发行　　北京市丰台区成寿寺路 11 号
　　邮编　100164　　电子邮件　315@ptpress.com.cn
　　网址　https://www.ptpress.com.cn
　　天津画中画印刷有限公司印刷
◆ 开本：700×1000　1/16
　　印张：12.5　　　　　　　　　　2021 年 6 月第 1 版
　　字数：207 千字　　　　　　　　2021 年 6 月天津第 1 次印刷
　　著作权合同登记号　图字：01-2019-7917 号

定价：99.00 元
读者服务热线：**(010)81055296**　印装质量热线：**(010)81055316**
反盗版热线：**(010)81055315**
广告经营许可证：京东市监广登字 20170147 号

致埃利亚斯（Eliahs）、撒慕尔（Samuel），以及约瑟夫（Joseph）、撒迦利亚（Zachariahs）

目录

致谢

特别感谢搏击训练发展有限公司（Fight Fit Training and Development Co., Ltd.）的研究主管斯图尔特·穆兰特（Stuart Mourant）对本书的宝贵贡献。感谢人体运动出版社团队，特别是彼得·墨菲（Peter Murphy）、劳拉·普利亚姆（Laura Pulliam）、道格·芬克（Doug Fink）和贾斯廷·克卢格（Justin Klug）在整个过程中的专业支持。感谢大卫·哈里奥特（David Harriott）、劳埃德·斯特林（Lloyd Sterling）、杰里米·格林哈尔希（Jeremey Greenhalgh）、斯图尔特·福特（Stuart Ford）和休·詹金斯（Huw Jenkins），他们是我们的客户，也是他们启发我们写了这本书。还要特别感谢我们的家人一直以来的支持。

简介

本书将引导读者获得良好的健康状况并实现健身目标。本书所介绍的搏击健身是一项独特的热量消耗型拳击健身训练，世界上很多拳击冠军、精英运动员、知名人士、健身教练、健身爱好者以及商务人士都喜欢这项运动。

喜欢搏击健身训练系统的爱好者都热切期待拳击与热门跳绳技术结合。独特的饮食和生活方式可以支持搏击健身之旅，让身体更健康、更强壮。循序渐进的营养摄取和训练计划将通过以下方式为你提供帮助。

- ✓ 增强心肺机能和心肺耐力。
- ✓ 在较短的时间内燃烧更多的热量。
- ✓ 减轻压力。
- ✓ 提高力量和爆发力。
- ✓ 上半身和下半身塑形。
- ✓ 缓解焦虑。

本书以新颖、简单的方式呈现各种拳击和全身训练技能及演示，帮助你获得完美的身材。此外，在学习搏击健身的过程中，本书将为你提供额外的视觉支持，随书视频资料可以帮助你了解这些练习内容。

无论你是一直喜欢健身还是刚开始健身，搏击都是塑形和提高健康水平的有效方式。搏击健身融合了有氧和无氧健身，这种平衡使其成为燃烧热量、增强肌肉耐力和改善心肺机能的最佳方法之一。使用一些简单的技巧可以集中精力，快速达到健身和减肥的目标，并在改善情绪、增加能量、加快反应速度和改善反应能力方面使读者长期受益。

无论你是新手还是已经练习拳击多年，本书将为你提供有关搏击健身的独特策略和突破性建议，包括新的训练学习和计划，最大限度地集中精力的方法以及营养摄取计划。在开始前，确保你穿着宽松的衣物，以便于自如活动。穿运动套装或T恤、短裤，搭配适宜的运动鞋。

现在，开始搏击健身之旅吧！

在线视频获取说明

本书免费提供一套搏击健身的示范视频，您可以通过微信的"扫一扫"功能，扫描本页的二维码进行观看。

步骤1： 点击微信聊天界面右上角的"+"，弹出功能菜单（如图1所示）

步骤2： 点击弹出的功能菜单上的"扫一扫"，进入该功能界面，扫描本页的二维码。

步骤3： 如果您未关注"人邮体育"微信公众号，在第一次扫描后会出现"人邮体育"的二维码（如图2所示）。关注"人邮体育"微信公众号之后，点击"资源详情"（如图3所示）即可观看动作视频。

如果您已经关注了"人邮体育"微信公众号，扫描后可以直接观看视频。

图1　　　　　　　　　图2　　　　　　　　　图3

第1章

器 材

搏击健身训练是一种投入相对较少的训练，至少刚开始是投入少的。刚开始使用的基础拳击器材只要质量好并且符合需求，就可以长期使用。所以，你只要充满动力并下定决心，就可以改善健康状况和生活方式。入门器材包括拳击手套、护手绷带、跳绳和手靶，这些器材将提供良好的训练基础。随着你练习的深入，沙袋会帮助你练习进阶的技术，包括重沙袋、速度沙袋等。

购买优质的器材至关重要，你可以在网上找到热门的商品，比较价格和质量，然后做出明智的决定。

开始锻炼之前，请先检查一下健身包，确保备齐训练所需的一切。如口渴时为了找一瓶水而暂停训练会分散注意力。

搏击健身训练清单

开始在健身房、家中或公园进行搏击健身之前，确保将一些必需品放在训练包中，以便让训练更加顺利。除了你选择的拳击手套，还需带上这些物品。

➤ 大瓶水（保持水分对任何训练都很重要，因为水可以让你保持精力充沛，从而实现长时间训练）。

➤ 记录本（在整个训练过程中监控进度）。

➤ 防水上衣和运动长裤（如果在户外进行训练时碰到了下雨天，或者在寒冬下雪时进行训练，防水将会是需要额外考虑的）。

➤ 跳绳（用于热身和注重速度的训练）。

➤ 凡士林（涂一些在眉毛上，防止汗水流到眼睛中）。

➤ 护手绷带（确保经常清洗护手绷带）。

拳击手套

拳击手套是用于拳击相关训练的缓冲手套，例如空击练习、沙袋训练以及使用手靶进行搭档训练。拳击手套有多种样式，但搏击健身训练主要用到其中的两种：健身手套和沙袋手套。

健身手套

健身手套如图1.1所示，它是轻型的，主要用于搏击健身和有氧搏击操课，以及空击练习和一些轻型击打运动。随着搏击的日益普及，越来越多的器材制造商生产这种手套。由于没有绑带，这种手套容易穿戴，而且价格相对便宜。重量0.34~0.45克不等，具体取决于手的大小。健身手套不能提供像沙袋手套或陪练和训练手套那种等级的保护，但有些人更喜欢健身手套。如何选择，取决于健身爱好者自己。

图1.1　健身手套

沙袋手套

　　沙袋手套如图1.2所示，重量轻，易于携带且价格适中。需要知道的是，沙袋手套里衬的厚度不足以在实际的拳击比赛中提供相应的保护。如果想要提高自己的拳击水平，可以考虑购买训练或陪练手套，这些手套带有加厚的护垫和绑带，不仅可以更好地保护手腕，还能提高稳定性。

　　沙袋手套比常规拳击手套更薄、更轻，主要用于与搭档一起训练，一方握住手靶，另一方则戴着护手绷带和沙袋手套击打。你也可以用手套击打沙袋。使用沙袋训练是一种很棒的方法，可以根据自身需要选择难易程度。通过改变速度、持续时间和强度，你可以定制符合自己健身水平的训练方式。

　　沙袋手套的设计旨在击打手靶或沙袋时支撑和保护手及手腕。沙袋手套比健身手套重，并通过加厚里衬加强手腕支撑。与健身手套一样，通常带有尼龙搭扣。当然，你也可以购买一些质量更高的手套，如带有绑带和具备保护功能的附加指套。沙袋手套是由合成皮革或真皮制成的，而且皮手套使用寿命通常更长。顾名思义，沙袋手套主要用于击打沙袋，尺码分小号、中号和大号等。

购买优质的沙袋手套，可以最大限度地从训练中获益，并且可以反复使用！

图1.2　沙袋手套

高品质的皮手套会带来更好的训练效果。它的使用寿命更长，不像其他手套那样容易裂开和磨损。购买沙袋手套可以选择小号、中号、大号和特大号的，但是在购买第一双手套时，需寻求相关建议。试戴时，请确保活动自如。如果太紧，则会限制血液流向手部，并让人在锻炼过程中感到不适。另外，必须留有足够的空间容纳护手绷带，下一节中将对此展开讨论。

想要掌握搏击健身，你应该自己购买一副手套，如果借用他人的手套，可能会带来非常不愉快的体验。这一点，等你真正完成第一次艰辛、大汗淋漓的锻炼后脱下手套时，就会明白：味道不会太好闻的！在手套上喷点抗菌喷雾剂，可以避免高强度训练后"不愉快"的气味。

护手绷带

护手绷带也应在购物清单中。这些绷带状的包裹物可支撑手腕、手指和指关节，有助于避免受伤。护手绷带通常为100%棉制，带有大量的人字形编织，并具有内置的拇指环设计和尼龙搭扣。护手绷带也可以机洗，因此无论在健身房出多少汗都可以保持其清洁。

一定要使用护手绷带，在击打沙袋时可以避免腕部受伤，保护和支撑手部。护手绷带在击打厚重而密实的沙袋时提供所需的额外支撑，为手提供额外力量，因此不必依靠手和手腕上的肌肉就可以保持正确的撞击点位置。戴上护手绷带可在挥拳时保持手腕向前或向后倾斜，提高安全性。

护手绷带有各种尺寸：通常为3米和4.6米。根据手的大小选择最舒适的长度。如果手比较小，选择3米；如果手比较大，选择4.6米。

博击健身的首要规则是始终确保安全。因为正确缠绕护手绷带可以保护手和手腕，所以请务必随身带好护手绷带，并遵循本章指南。

跳　绳

价格便宜的跳绳也能带来不错的训练效果。拳击手经常用速度跳绳训练，这种跳绳比普通的跳绳转得更快，速度越快，难度越大（这对健康有好处）。如果想使用高级的跳绳技术增加训练强度，那么需要使用较粗的训练跳绳（增强力量和耐力）。一起来看一下各种跳绳各有什么好处。

✓ 速度跳绳重量轻，适合快速跳绳者使用。编织的布绳不会从地面弹起，但会很快磨损。串珠的跳绳坚固耐用，非常适合常规跳绳。聚氯乙烯速度跳绳可以快速转动，其设计旨在提高速度。

✓ 皮质跳绳用于耐力训练，通常可以提高速度。

✓ 重的跳绳可以改善躯干和手臂的力量。

无论选择哪种类型的跳绳，记住要购买合适的尺寸。表1.1提供了一些关于尺寸选择的建议。

表1.1　根据身高选择合适的跳绳尺寸

身高	跳绳尺寸
147厘米	2米
150~160厘米	2.4米
163~178厘米	2.7米
180~198厘米	3米
198厘米	3.4米

手　靶

如图1.3所示，手靶是带衬垫的靶，附着在手套上，是提高速度、敏捷性和耐力的理想之选。它独特的弯曲状可确保手正确放置，其精密的内衬板可确保击打的精准度。如果使用手靶训练，请选择具有减震效果的高密度填充的优质皮革，以确保安全和舒适。

图1.3　手靶

沙　袋

沙袋十分坚固，通常固定在架子上或悬挂在天花板上。拳击训练中，沙袋用于提高速度、爆发力、耐力和精准度。沙袋由各种材料（例如棉布、谷物、沙子）填充，就像拳击手套和护手绷带一样，有各种尺寸，通常高度为1~2米。在真正有效的拳击训练中，沙袋是必不可少的器材。戴上拳击手套，然后击打沙袋两三分钟，这样就能在燃烧热量、增强力量和提高速度的同时，顺便排汗。要注意，大多数沙袋都需要悬挂于天花板或固定在墙壁上，因此在购买沙袋之前要考虑训练区域的空间和结构。

沙袋也有各种样式，其选择取决于打算进行的训练类型和预期训练目标。为了让大家了解每种类型的沙袋是如何影响训练的，接下来列举一些常用的沙袋。

重沙袋

重沙袋如图1.4所示，沉重的袋子用于重复重击，并且由于其重量和密度而具有较大的抵抗力。要减轻压力，没有比去健身房打重沙袋更好的方法了。此外，这种沙袋也利于燃烧热量！打重沙袋也是提高爆发力的好办法，尤其是在试着击穿沙袋而不仅仅是击打沙袋的时候。本书后续的章节将会说明如何通过这一点来最大限度地训练自己。

就重沙袋而言，是有几种选择的，但通常来说，重沙袋大约45千克，并且装满硬质或软质填充物。硬质物填充的重沙袋，击打时晃动幅度小，因此阻力更大，用作靶点时也更为稳定。这样会让手臂加大发力，增强前臂力量，稳定手部肌肉。重沙袋由乙烯、皮革或帆布制成。通常，皮质沙袋使用寿命最长，并能够提供搏击健身训练所需的抵抗力。切记：用重沙袋训练，要始终戴上护手绷带，保护手和腕部免受伤害。

图1.4　重沙袋

速度沙袋

速度沙袋如图1.5所示，也称为速度球或速度球袋。可以训练出拳的节奏、速度、时机和控制力，旨在改善手眼协调性，出拳时可以协助训练者正确地将身体的重量转移到双脚之间。速度沙袋大致呈梨形，具有一个可充气的气囊，类似于下面会介绍的双头悬挂沙袋。速度沙袋的皮革外壳经过精密缝制而成，可以根据个人喜好选择充气量。充气越多，击打时的阻力就越大。

速度沙袋高度与直径的尺寸多样，大号有33厘米×25厘米和30厘米×23厘米的；中号有28厘米×20厘米、25厘米×18厘米和23厘米×15厘米的；小号有28厘米×13厘米、18厘米×10厘米和15厘米×10厘米的。较大的沙袋往往晃动慢，这意味着击打时需要施加更大的力量。因此，大沙袋主要用于提高力量和耐力；而较小的沙袋，则着重于加快手速，提高对时机的把握度和改善协调性。

图1.5　速度沙袋

7

双头悬挂沙袋

　　双头悬挂沙袋如图1.6所示，用于增强反应能力、改善运动模式、提高手眼协调性和速度。它通常比足球略小，质量好的由皮革制成，两端均用弹性橡胶缝制，并由金属夹固定。

　　双头悬挂沙袋与速度沙袋非常相似，主要区别在于沙袋的大小和所用的材料。双头悬挂沙袋的绳索连接至天花板和地板上的夹子。击打的时候，沙袋会朝训练者摆动，让训练者更好地调整位置、弯腰、躲避以及击打，大大提高训练者的协调性和反应速度。

　　许多训练者认为这种沙袋最有趣，通过练习，可以了解如何控制沙袋，从而增加力量和提高出拳精准度，以及加强移动中击打的技巧。

移动式沙袋

图1.6　双头悬挂沙袋

　　由于建筑的局限性以及墙壁或天花板缺乏支撑，移动式沙袋在体育馆和健身俱乐部里较为常见。许多人选择这种沙袋是因为它易于安装。虽然好的移动式沙袋可能比其他的要贵一些，但使用寿命会更长，因此从长远来看选择好的移动式沙袋是省钱的。移动式沙袋的设计各不相同，但通常底座会填充水或沙子。袋身通常由乙烯基或皮革制成。移动式沙袋可以拳打，也可以脚踢。好的沙袋底座较宽，这样才能更稳固。在训练过程中移动式沙袋会晃动，因此可以训练速度、爆发力和力量。

　　本章介绍了搏击健身中用到的器材：拳击手套、护手绷带、跳绳和沙袋。对器材有了一定的了解之后，我们将继续介绍健身水平测试以及如何最大限度地调节饮食，最终呈现如何运用这些器材进行全身训练。

第2章

了解对手

现在你应该知道搏击健身的最大对手就是你自己。因此，无论是定期运动还是长时间间断后重新开始运动（或者第一次运动），在开始搏击健身训练之前，请先确定目标（例如，减轻体重、锻炼肌肉、改善心肺机能或增强自信心）和当前所处阶段（即目前的体能水平）。

目前的体能水平如何

在开始搏击健身训练之前，首先要确定自己的身体状况。只有了解了当前的体能水平，才能确定自己的体能和体重目标。

搏击体能测试可以在任何地方进行，如健身房、家中或者附近的公园。本章介绍的训练将测试肌肉力量、耐力、爆发力、心肺机能、协调性和平衡性。只要在两次测试之间休息一下，便可以完全恢复体力。每个测试时间为30~40秒，休息1分钟后再进行下一个。在一周后再用这种方式进行一次自我测试，可以对训练进度做一个真实的评估。每周进行自我测试能够清楚地了解训练进度、最需要改进的部分以及需要继续训练的部分。记录30或40秒内设法完成的训练次数，以便每周比较一次。

测试包括以下8个练习。

俯卧撑

俯卧撑可锻炼胸肌、肱三头肌、三角肌前束和支撑性肌肉，以及整个躯干和核心部分。这个练习可以对很多方面的能力进行测试，如爆发力（做爆发性动作时）、力量和耐力（做重复动作时）。

做俯卧撑的时候，先从俯卧姿势开始，脚尖和手触地，双手略宽于肩，肘部绷直，几乎处于锁定的状态。胸部肌肉发力，肚脐向脊椎方向靠拢，臀肌收紧，稳定核心。臀部和肩部呈一条直线，后背保持平直（见图2.1a）。弯曲肘部，呼气，身体下移直至胸部几乎触及地板（见图2.1b）。始终用胸部作引导，不要用头部。颈部与脊椎保持呈一条直线。不要向前看或低头，否则会给颈部施加不必要的压力！继续胸部肌肉发力，稳定核心肌群，身体保持呈一条直线。手掌推地板，肱二头肌向胸部挤压，身体上移回到俯卧姿势。

图2.1　俯卧撑

如果常规俯卧撑难度高，可以尝试对目标肌肉力量要求较小的跪姿俯卧撑。这仍然是锻炼胸部、肩部和手臂的好办法，也适合入门水平的锻炼者。做跪姿俯卧撑的时候，手放在肩部正下方，手指朝前，膝和脚尖触地（见图2.2a）。肘部弯曲，让手臂呈直角（见图2.2b）。吸气，同时降低胸部至触地。呼气，手掌推地板，身体上移回到起始姿势，应该感觉到胸部和肩部在发力。

图2.2 跪姿俯卧撑

波比跳

波比跳是一项全身性运动，包括深蹲、推撑、拉起和起跳动作。波比跳练习的起始姿势为站立，双脚分开与肩同宽，然后蹲下，双手触地置于身前（见图2.3a），同时移动双脚至俯撑姿势（见图2.3b）。快速地将双脚靠向胸部（见图2.3c），并以深蹲姿势尽可能地跳起，膝靠向胸部，以跳跃动作结束（见图2.3d）。

图2.3 波比跳

波比跳由一系列动作组成，要从中选择更适合当前体能水平的动作，可以将其分解为下列动作。

深蹲和推撑

双脚分开站立，与肩同宽。然后下蹲，手触地板置于身前，同时双脚移至俯撑姿势。

俯撑和起立

从俯撑姿势开始（见图2.4a），将膝拉向胸前至深蹲姿势（见图2.4b），然后直立结束练习（见图2.4c）。

图2.4　俯撑和起立

深蹲和团身跳

　　起始姿势为深蹲，双手放在地板上，膝屈向胸部，脚跟离地（见图2.5a）。腿部发力将身体推离地面，向上起跳至悬空，同时将膝向上拉向胸部（见图2.5b）。

图2.5　深蹲和团身跳

卷腹

卷腹是最常见的腹部运动之一，主要训练腹直肌（也称为"六块腹肌"）。练习卷腹的时候，首先仰卧于地板上，下巴和胸部之间保持大约一拳头的距离，膝关节屈曲90度，双脚抬起（见图2.6a）。手指放在太阳穴处或双手交叉放在胸前。起始动作，肩部向骨盆卷曲，同时保持下巴和胸部之间的距离不变（见图2.6b）。在整个练习过程中，将注意力集中于天花板上的一点，同时保持背部平放在地板上。髋屈肌不要发力，使卷腹只对腹部起作用。双手放在后脑勺处发力可能会导致受伤，因此避免这种发力方式。如果做这样的卷腹动作太困难，可以将脚平放在地板上进行练习。

图2.6 卷腹

开合跳

　　开合跳是主要训练下半身和核心的运动，涉及大腿和臀部。但是，开合跳确实对上半身有一定的好处。练习开合跳的时候，双脚分立，与髋同宽（见图2.7a）。吸气，弯曲膝关节，重心下移，臀部靠向脚跟，胸部移向膝部（见图2.7b）。从脚发力，整个身体向上，手臂和腿呈星形打开（见图2.7c）。

图2.7　开合跳

如果开合跳太困难，可以试试这样：双脚并拢，双臂置于身体两侧（见图2.8a）。收紧腹部肌肉，骨盆向前。屈曲膝关节起跳，双脚分开至略比肩宽（见图2.8b）。同时，将手臂举过头顶，脚掌触地。再次起跳前依然膝关节屈曲，双脚并拢，双臂向后倾斜。运动结束时，重心应在脚跟上。

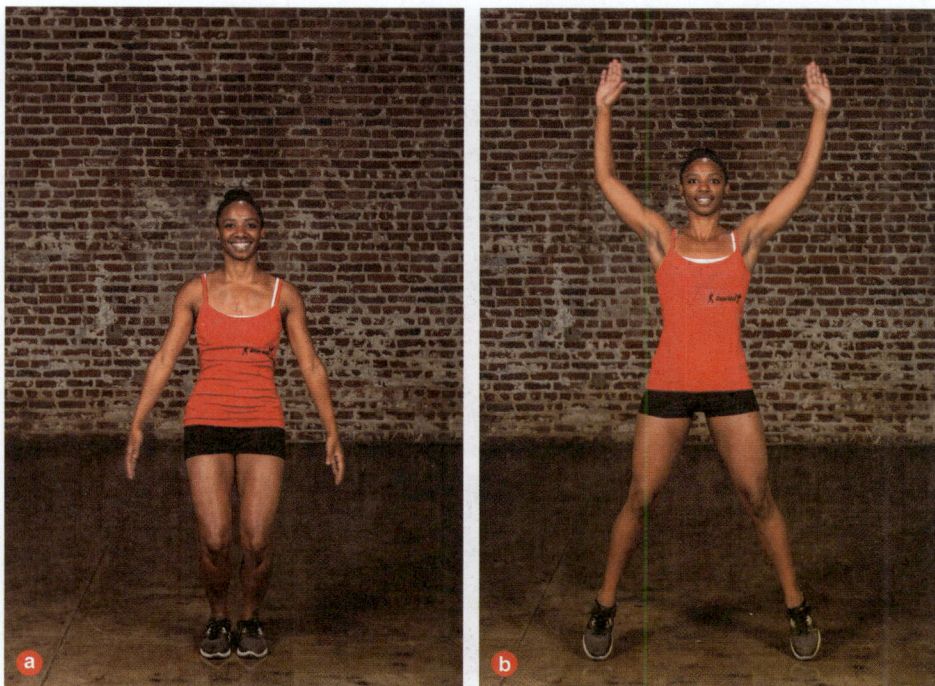

图2.8　开合跳

斜向转体

斜向转体是类似于卷腹的腹部运动，但更多地侧重于锻炼腹部斜肌。如果动作正确，斜向转体可以塑造更加纤细和匀称的腰线。练习斜向转体时，脸朝上躺在地板上，下巴和胸部之间要保持一个拳头的距离，膝关节屈曲呈90度，双脚抬高（见图2.9a）。注意力集中于天花板上的某个点，保持下巴和胸部之间的距离，背部始终保持平放在地板上，髋部不要做任何活动。可以将手指放在太阳穴上或双手交叉放在胸前。请勿将手放在头后面用力压头部或颈部。一侧肩膀向骨盆运动，然后肘部朝向对侧膝，开始转体运动（见图2.9b）。

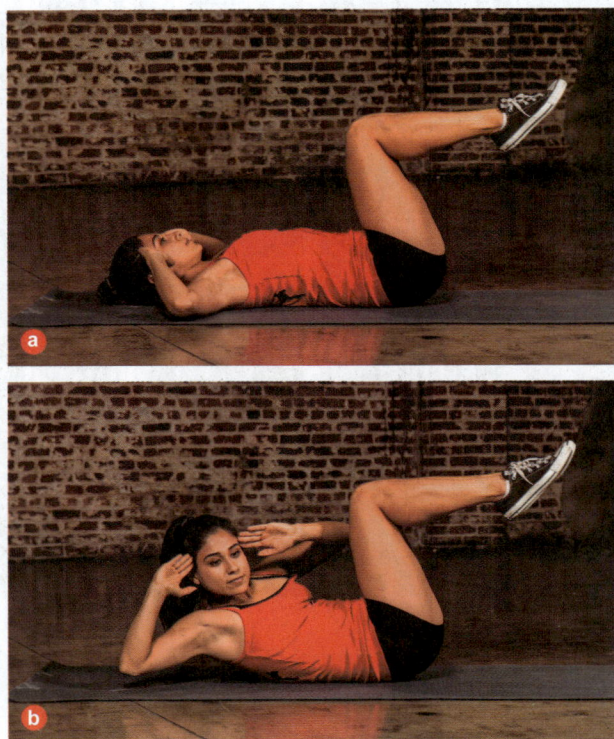

图2.9 斜向转体

深蹲跳

　　深蹲跳是一种复合的全身性运动，主要锻炼大腿（股四头肌、腘绳肌）、髋部和臀部（臀肌），以及核心的肌肉。练习深蹲跳时，直立位，身体中段呈防守姿势（具体要求请参阅第6章），双脚分开与肩同宽。一只脚向前迈，后脚旋转45度，弯曲膝关节，双手呈防守姿势，然后肘部夹起（见图2.10a）。吸气下蹲，弯曲膝关节，然后放低臀部。眼睛向前看，大腿与地板平行。呼气并收紧臀部，起身跳起（见图2.10b）。双脚离开地板时，旋转身体，再次触地时保持起始动作的镜像姿势（见图2.10c），重复练习。如果深蹲跳太困难，可以练习只深蹲不起跳。

图2.10　深蹲跳

19

背起

背起动作主要是锻炼身体后部或后背，以增强脊柱竖脊肌和横突棘肌的肌肉力量。练习背起时，面朝下趴在地上，双手放在头两侧，手指触摸太阳穴（见图2.11a）。上半身抬升，肘部向两侧拉，收紧肩胛骨，并收紧臀部和腘绳肌，抬起双脚，同时抬起上半身（见图2.11b）。伸展腹肌，下背部多裂肌和竖脊肌收紧。收缩腹部肌肉，上半身降低回到起始姿势。如果这样做太困难，可以将脚放在地板上进行背起练习。

图2.11 背起

触趾运动

　　触趾运动测试柔韧性的重点是拉伸和强化一些关键肌肉，包括下背部的竖脊肌和多裂肌，以及腘绳肌和臀大肌。练习触趾运动时，身体直立，双脚微分开站立（见图2.12a）。挺胸，脊柱延展，从髋部缓慢前倾，拉伸腘绳肌和臀大肌（见图2.12b）。保持稳定和维持平衡的过程中，也会训练到其他肌肉。上半身降低时，呼气，缓释紧张感。上半身缓慢抬起时，注意用下背部肌肉向上拉，同时挺胸，保持良好的姿势。膝关节弯曲程度会改变作用点。膝越直，腘绳肌拉伸的程度越大。

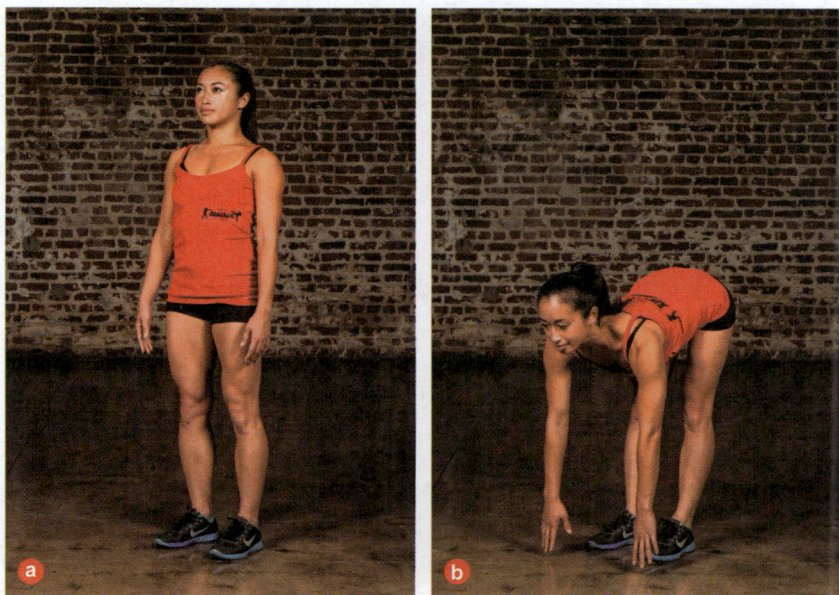

图2.12　触趾运动

体能测试结果分析

体能测试是一个良好的开端，有助于确定当前体能水平，以及制订更高水平的健身计划。记录首次测试结果，在达到预期的健身水平前，每周增加锻炼量。由于搏击健身训练是一个渐进式的训练体系，每次训练都会有所提高。通过有意识地锻炼特定肌肉、肌群或训练运动模式来找准弱点或紧张点的关键区域，这样就能加强或放松这些关键区域，以提高体能水平。

表2.1概述了如何通过测试结果来确定当前的体能水平。如果首次测试成绩很低，不要灰心。本书的要点是提供现成的训练计划，提高体能水平。测试的目的是了解自身体能水平，并找到提高体能水平的方式。

评估体能水平之后，接下来的问题可能是：我该如何提高？我的目标是什么？唯一且最直接的答案是：定期锻炼身体——健身计划和营养摄取计划之间要平衡。本书提供了大量的练习和训练教程，会清楚地演示如何提高体能水平。第3章会提供现成的营养摄取建议，这些建议可以帮助健身爱好者提高整体表现水平，让健身爱好者从感觉上更接近定下的目标。此外，还会涉及非常简单的可视化技术，以帮助健身爱好者确定并实现短期和长期的体能和健康目标。

表2.1 体测结果

测试项目	体能水平		
	低	中	高
俯卧撑	0~10	11~15	16+
波比跳	0~10	11~15	16+
卷腹	0~10	11~15	16+
开合跳	0~12	13~15	16+
斜向转体	0~10	11~15	16+
深蹲跳	0~10	11~15	16+
背起	0~10	11~15	16+
触趾运动	触及小腿中部	触及脚踝	触及脚趾或地板

如果仍在犹豫愿意付出多少努力来提高自己的体能水平，或者还没有决定要变得更健康，那么可以在以下 10 个理由中找到答案。

1. 降低患上冠心病、骨质疏松症等许多疾病的风险。

2. 塑形、控制体重。

3. 缓释压力。

4. 增加更多能量。

5. 增强力量和爆发力。

6. 改善睡眠。

7. 减缓衰老。

8. 平衡身体和思想。

9. 增强信心和脑力。

10. 自我感觉良好。

本章旨在让你了解自身的体能水平和能力。你将学会如何进行锻炼来改善自己的健康状况，你可以通过这些定期测试，以及提高效率和耐力的训练，来改善自己的健康，进而一步一步、一周一周逐步养成规律健身的习惯。本章的内容与后面的训练计划息息相关，因为你可以反复测试，检查体能水平并找到更好的方法来变得更健康。

第3章

关于饮食和营养

你可能听过那句老话，吃啥变啥。在很大程度上，这是对的。摄入体内的物质决定了注意力水平以及身心的日常表现方式。如果摄入大量含有单糖的食品或饮料，例如糖果、甜甜圈、速溶咖啡和苏打，这些糖将不可避免地变为多余的脂肪。这可能会在短时间内给你带来高强度的运动体验，但是几乎可以肯定的是，随之而来的是精力不足和嗜睡。如果想通过营养摄取来让身体最大限度地受益，并且通过减轻体重以达到预期的身材，那么要做的就是开始自己喜欢的训练计划，并对饮食进行一些简单的更改。请记住，每当开始一项新的健康和减肥计划时，都应事先从医生或合格的营养师那里明确所有相关信息。

为了能够有效、健康地减肥，首先需要了解为什么会增重：当摄入的能量超过身体可以消耗的能量时，体重就会增加。多余的热量以脂肪的形式存储，过多的脂肪会导致体重增加。如果不运动，那么体重增加的可能性更大。另一个因素是新陈代谢，它调节脂肪燃烧的速度。如果新陈代谢很快，那么脂肪燃烧快。如果新陈代谢缓慢，则会以较低的速度燃烧食物中的热量。好消息是新陈代谢的速度是可以加快的。

现在是时候鞭策自己，通过简单的改变来控制体重了。任何训练计划都涵盖了这一部分。其中所要求的，

良好的饮食是保持健康、良好的血液循环及良好的工作、运动表现的关键。

只是一种承诺，以及略微改变生活方式和习惯的意愿。这可能是计划中最困难的方面之一，但是一旦做出了承诺，生活方式就会变得更加积极且健康。

那么，如何精确控制体重呢？其实可以像管理家庭或理财一样控制体重。可能有人会觉得这说起来容易、做起来难，因为有关如何控制体重的理论很多，但其中大多数不太合理。通过广泛的实验和研究，我们发现只有少数真正有效并且长效。以下内容提供了一些关于控制和管理体重的技巧，这些技巧已被证明对大多数人有效。

饮食日记

我们通过与许多优秀的运动员合作发现，他们身体始终保持良好的状态。他们与我们"普通人"的区别是，他们已经通过专家的教育和指导，建立了均衡的饮食和适合其体形的训练计划。训练通常从创建饮食日记开始，任何人都可以用这种办法。

创建饮食日记，要记录一周的饮食，吃的食物和喝的液体都要写下来，包括食用时间。这是学习如何在饮食和生活方式上做出积极改变的基础。图3.1给出了饮食日记的模板。此外，还有一个可以充分利用饮食日记的好方法，那就是记录饮食心情、饮食时的活动和饮食感觉（即是否感到饥饿，或者是否渴望某种食物）。

姓名：_____ 日期：_____

	时间	食物	饮食前后活动	心情	感觉
早餐					
零食					
午餐					
零食					
晚餐					
每日液体摄入量					

源自：McKenzie and Kirchner, 2014, *Total knockout fitness*（Champaign, IL：Human Kinetics）.

图3.1 日常饮食日记模板

记录一周的食物摄入量之后，应改变热量摄入量以达到每日建议摄入量。健康的方法是，每周从当前饮食中减少500卡路里的摄入量（1卡路里 ≈ 4186焦耳，此后不再标注），直至达到建议的摄入量（女性每天摄入约2000千卡，男性每天摄入2500千卡）为止。只要饮食均衡，并且进行大量运动，这个建议就很有效。尤其是在执行健身计划时，请确保肌肉有足够的"燃料"，并且适当补充水分，以便更好地承受高强度和低强度的锻炼。

如果你是一个典型的食客，那么请花点时间想想让你感到舒适的替代食物，而不要选择经常过量食用的高热量食物。还可以选择舒适的温水浴，阅读最喜欢的书或杂志，或看一部一直想看的电影。关键是要给自己一个愉快的消遣。

明智饮食

下次去商店时，要花一点时间查阅喜欢的食物中的成分。你可能会对高含量的糖、饱和脂肪和盐感到惊讶。为了使从搏击健身中获得的益处最大化，我们需要了解饮食对运动能力和生活方式的总体影响。

购买食物的时候，请查看其中的成分，这样就可以避免无营养的热量，并用能带来足够能量和舒适感的美味食物代替这些热量。不良的饮食习惯会导致注意力低下、高血压、情绪波动、心脏病，某些情况下还会导致抑郁症。这就是为什么要花些时间看一下自己吃的东西，并对饮食进行调整。

从拳击手到跑步运动员、橄榄球运动员和田径运动员，我们与许多冠军合作过，而且我们已经意识到，无论是在工作还是在比赛中，让身体正确燃脂对运动表现至关重要。通过用稳定的替代食品代替日常饮食中的一些速食食品，对饮食进行简单的调整——例如，每天将含3种糖的黑咖啡改为凉茶、鲜榨果汁和水，并用寿司、水果等小吃代替奶油巧克力饼干和三明治。通过减少饮食中的逗食食品，可以轻松地减少约1000卡路里摄入量，也就是说，甚至在开始运动之前就可以减肥。

那么，如何正确饮食并靠饮食来减肥并坚持呢？以下有一些建议。

牢记"一天5份"规则

建议每天吃5份蔬菜或水果。可以是新鲜的、冷冻的、煮熟的、生的、罐装的或干的,只要是蔬菜和水果就行!这样做可以改善健康状况,使饮食达到均衡的状态。许多明星体验者和体育名人都表示,喝鲜榨水果汁或蔬菜汁是保持果蔬摄入简单、快捷的方法。

吃鱼

每周至少吃两份鱼,其中一份为油性鱼,例如鲭鱼、鳟鱼或鲑鱼。鱼对身体真的很有益,因为鱼中的油是不饱和脂肪,可以维持器官的正常运作。鱼中的蛋白质含量很高,还可以改善发质和皮肤。最重要的是,鱼中发现的ω-3脂肪酸可滋养大脑并有助于保持高能量水平。

代替饱和脂肪

用单不饱和脂肪和多不饱和脂肪代替饱和脂肪。使用特级初榨橄榄油(冷榨),因为其不仅对身体有益,还有助于分解酶、分解食物。另外,除了吃鱼还要吃坚果。

明智地选择零食

避免吃高热量或高糖的零食,例如薯条和巧克力棒;相反,应选择含缓释性糖的燕麦片、豆瓣类(也称为豆荚类)和豆类。另外,避免用零食做正餐。零食量要少,每天吃零食不超过两次,争取摄入热量不超过150卡路里。

花点时间享受少量的零食。这可以帮助身体更快地分解食物,不会感到胀,但很快会有饱腹感,并且可以休息一会儿(这对于我们大多数人来说是一件好事)。

添加能量和健康促进剂

最后,要在饮食中添加一些高能量食物和保健食物,以保持日常高能量水平和良好的注意力集中度。尝试蔬菜(尤其是菜花、卷心菜和西兰花)、谷物、坚果和豆类。这些食物不仅可以减肥,还可以强化免疫系统。可以选择一些缓释性食物,例如坚果,包括杏仁和榛子(饱和脂肪含

如果社交生活繁忙,经常在外进餐,那么选择轻食,避免碳水化合物含量高的食物,它们只会让人感到胀。

量低），核桃（ω-3脂肪酸含量高）和开心果（纤维含量高）。通过将这些食物整合到饮食中来缓慢地释放能量，为身体提供可持续的、稳定的能量供应，最大限度地发挥作用。

获取良好的、平衡的维生素、矿物质、蛋白质等营养素来源，对身体健康至关重要。这可以加速身体代谢，为肌肉增添能量，帮助消化并为身体提供保持健康的必需品。

提前一天开始计划饮食。考虑一下后一天要吃的小吃和餐点：什么时候吃？吃什么？准备时间是多长？有了这一简单小技巧，就不必等到肚子饿才开始计划饮食，然后顺手拿起最方便的食物（通常为垃圾食品）。

食用促进代谢的食物

有一些简单的方法促进代谢，大量地喝水以及摄入水分含量高的食物，例如甜瓜、沙拉、葡萄柚、汤、苹果、梨、西兰花和辣椒。确保早餐的营养均衡，全天坚持少食多餐。不要挨饿，因为这会减慢新陈代谢，而且不是一种健康的减肥方法。省掉能满足身体需求的健康饮食，这不是减肥的策略；相反，这样做会让身体失去必需的营养素，有降低能量水平、减慢新陈代谢的潜在风险。大量地喝水并遵守健身计划可以加快新陈代谢，健康地减肥。

少吃加工食品

少吃油性和脂肪含量高的加工食品（例如薯片、薯条、巧克力）。可能大家都已经知道脂肪和油脂过多的食物是不好的，但从未专门减少这些食物的每日摄入量。好吧，现在是时候这样做了！

大多数加工食品营养素含量低，热量高，也就是说，加工食品可以加速体重增加，同时又无法为身体提供正常运作所需的营养。超市中几乎所有产品都是以这样或那样的方式加工过的，这意味着可能有其他成分加入到了产品中或者通过其他方式改变了其最初的自然形态。选择全麦面粉，而不是加工后的白面粉，因为白面粉含有的矿物质和纤维较少。另外，避免饮用添加糖的果汁，因为与鲜榨果汁相比，其热量非常高且营养价值较低。选择不添加人工色素的食品，因为这些色素直接关系到健康问题。

避免饮酒过多

要减少饮酒量，第一步是将当前摄入量减少一半。酒精通常含有大量的热量，因此会导致体重增加。饮酒后，许多人会想吃一些食物，如此一来，就会摄入更多的热量。无论是喝还是吃，都是在摄入热量，所以饮酒要当心，并注意一下每日的饮酒量会带来多少热量。

现在，关于明智饮食已经给出了一些建议。此外，与饮食相关的质量和频率也同样重要。任何优秀运动员都会说饮食习惯对运动表现至关重要。现在我们可能认为自己不是出色的运动员，但这并不意味着不能像他们那样思考这个问题。事实上，我们每个人都可以比现在更好，那么是什么在阻止我们这样做呢？我们的能力取决于我们摄入的食物、饮品或训练方法。为什么不从今天开始做出改变，开始像出色的运动员那样思考和饮食呢？加油去做吧！

众所周知，每天要摄入一定量的热量才能保持工作状态良好，显然，摄入热量有多种方法。例如，如果以酒精的形式摄入建议的热量，这可能会影响你的言行，导致你注意力不集中，第二天无法正常工作。这是无营养热量的夸张例子，这些营养素无法为身体提供正常工作所需的一切。

现在想一下那些营养成分很少但会让人有饱腹感的食物。是什么食物呢？考虑到当下忙碌的生活，大多数的回答是，我们没有时间管理自己的饮食。但是，实际上，这方面所需的时间比想象的要少得多。刚开始的时候，要有一些计划和一些前瞻性思考，良好的饮食很快就会成为一种习惯。逐步计划饮食并获取真正想要的身材可能比想象的要容易。

那么，如果想吃得更健康并且营养均衡，那么这一天应该是怎样的呢？图3.2提供了一个完整的为期7天的营养计划，可以增加能量，帮助减轻或保持体重，并提供身体和大脑工作所需的所有营养。

	早餐	上午加餐	午餐	下午加餐	晚餐
第1天	一碗瓜片粥	少量蓝莓和杏仁	一份鲑鱼（或豆腐）配土豆和沙拉	一根香蕉加少量葡萄	一碗番茄汤配一片全麦面包
第2天	一片全麦吐司配金枪鱼	少量核桃和葡萄干	一盘凯撒沙拉配榛子和鸡肉（或素食肉）	一个苹果和混合浆果的低脂酸奶（可选）	一碗地瓜和椰子汤
第3天	一碗粥配菠萝或苹果	一杯水果冰沙（猕猴桃、香蕉）	一份新鲜的金枪鱼（或豆类和甜玉米）和鸡蛋面	一根低糖谷物棒	一碗花生酱沙拉配米粉
第4天	一片全麦吐司配水果酱	一杯水果冰沙（草莓、蓝莓）	两片鸡胸肉（或黄豆）和豌豆	胡萝卜和黄瓜蘸酸奶大蒜酱	一碗土豆、胡萝卜、防风草汤和咖喱
第5天	一碗麦片和南瓜子	一个无籽蜜橘和一个奇异果	一份鲭鱼（或豆腐）配菠菜和沙拉	一片全麦吐司，配以马麦酱或花生酱	一盘番茄大豆肉酱配茄子
第6天	一碗搏击健身麦片（芝麻、南瓜子、燕麦和蜂蜜味低脂希腊酸奶）	低脂奶酪和一片全麦吐司	两块鸡胸肉（或素食肉）和红薯椰子汁	一杯水果冰沙（猕猴桃、草莓）	一碗蔬菜汤（胡萝卜、土豆、洋葱、鳄梨）
第7天	一碗粥配香蕉	一杯水果冰沙（苹果、樱桃）	一盘红肉（或大豆，切碎）、菠菜和沙拉	一根低糖谷物棒	一片全麦面包配鳄梨酱

图3.2　7日健康营养计划

保持水分

水分约占体重的70%，通过排出毒素以及将营养物质带入细胞来保持身体正常运转。饮水不足会导致脱水，注意力不集中以及能量水平下降。当感到口渴时，已经脱水了至少10%，因此必须确保每天为身体提供足够的水！如果还没有养成良好的饮水习惯，要尝试每天多喝250毫升水，直至达到每天喝2升水为止。

除了水之外，等渗饮料（添加了葡萄糖、维生素和矿物质的水）和凉茶也可以帮助增加液体摄入量。等渗饮料可以补充锻炼时自然流失的矿物质，同时还可以补充能量。但是，建议每天每次饮用不超过250毫升等渗饮料。

每喝一杯咖啡或其他含咖啡因的饮料后，至少需要3杯水来补充身体水分。

这样可以在训练期间或之后为身体提供所需的营养补充。等渗饮料过多意味着身体无法最大限度地吸收营养物质。请选择一种自己喜欢的凉茶。凉茶种类繁多，一定要找

选择少盐的食物

建议每天盐摄入量不要超过6克，相当于一匙。许多食物和小吃，比如油炸土豆片（也称为薯片）以及咸坚果的盐含量很高。这些食物不会对健康有任何帮助，要尽可能避免食用这些食物，身体才会越来越健康。许多常见食品中含有大量盐，如下所示。

➤ 罐头、袋装汤料和酱汁。
➤ 烤豆和罐头蔬菜。
➤ 比萨和其他即食食品。
➤ 面包。
➤ 谷物。
➤ 蛋糕。
➤ 饼干。

减少盐分摄入量的简便方法就是阅读食物标签，然后选择少盐食品。显然，在家里可以在烹饪时控制盐量。可以考虑使用胡椒、香草、大蒜、香料或柠檬汁来增加食物的风味。

到一种好喝的茶。坚持每天喝一或两杯，加一点蜂蜜会更甜。你会发现喝茶可以帮助放松，让人在紧张的一天后平静下来，睡个好觉，最重要的是还能保持水分。

充满活力

出于整体健康的考虑，每周训练两次，每次训练45~60分钟。为了达到良好的体能和健康状况，每周训练3~4次，每次60分钟。全天保持活力也是保持身体健康的好方法。本节提供了一些相关的建议。

把日常活动变成变得更积极的机会。例如，走楼梯代替坐电梯，提前一站下车，然后走完剩下路程。如果开车去上班，把车停在比平常更远的地方，然后走完剩下的路程，到达目的地时，会感到自己更加警觉和专注，并且这样也会消耗一些热量。记住，清晨的活动可以在18小时内加快新陈代谢（燃烧脂肪的速度），这意味着一整天都会燃烧更多的热量。

变得有活力的另一个关键是找到一个训练或训练计划来激励自己，并使之与自身的生活方式和需求相匹配，可以以周为单位来定制该计划。问问自己，喜欢在家还是健身房、单独还是集体环境中进行训练。如果喜欢自己训练，哪里是好的训练地点——公园、家里，还是健身房？不同的人，激励点也不同。可以在跑步机上训练，感受其他健身爱好者所创造的健身氛围。或者，可能只想在家里训练，这种情况下，可以播放最喜欢的背景音乐来理清思绪。关键在于，找到自己的激励点。

本书的所有内容都与你息息相关，在其中你可以发现很多有用的训练计划和有趣的想法，从而让自己更热衷于训练。此外，这当中还有其他值得期待的东西，它们可以帮助你保持敬业、专注、积极的状态，离目标更近一步。

激励自己

人们健身的原因大多不尽相同。也许是为了在即将到来的假期里，可以自豪地走在阳光下的海滩上，或者是想要通过健身来塑形。当达到自己理想的目标时，可能就会受到这种成就感的激励，或者也会因为别人对自己的外形的羡慕，以及这种羡慕带给自己的信心而受到激励。无论激励因素是什么，要专注于它，想象理想中的自我。

所思即所得。这句话可以成为健身时的座右铭。

现在，大家已经了解了大量饮用水、减少盐摄入量、保持活跃和积极对健康的好处，让我们了解一些好的方法，来设定现实的健康目标、保持专注和积极，以及使用简单的可视化技术让自己变得更健康。

设定现实目标

健康和健身目标可以包括很多方面。例如，想要减掉一定数量的体重，或者改变锻炼和饮食的方式。这些目标可以让自己专注于"隧道尽头的光"。设定自己的目标，想象自己在理想体重下的健康状态。减掉多少重量，就可以符合在脑海中形成的画面？以健康的方式减掉这些重量需要多久？健康的体重是多少？记下目标，并每周记录自己的进步。如果以前尝试过减肥，但没有达到目标，那么就设定一个更现实的时间。持续锻炼和良好的营养摄取是改善健康的第一步。可能要对生活方式稍做调整：如果喜欢高糖饮料或高脂肪食物，只需将它们作为每周一次的享受即可！这样一来，就会真正地达到减肥目标，并保持目标体重。

积极思考

积极思考，提醒自己设定的目标或已经取得的成就（即使目前只是些小成就），让头脑专注于生活方式的变化。告诉自己早上一起床就感觉有多好，以良好的状态开始新的一天。即使有时觉得很难，请别放弃健康的生活方式，提醒自己将会拥有的一切：更强壮、更健康的身体和更平衡的生活方式，会有足够的能量去拥抱生活。在搏击健身训练中，没有消极思考的余地；将身心集中于积极的心态，让自己一直保持动力，并取得最终的成功！现在就是选择更好的生活方式的最佳时间。

将理想自我可视化

回想一下某时某刻在理想体重下的自己，注意当时的样子和感觉。回想别人如何看待理想体重下的自己。好，现在问问自己，处于理想的体重时所作所为有什么不同。或许是更积极的生活方式，或许吃少喝少。想想看，然后写下来。

现在再次进行这个简单的可视化过程，期间请融入理想的自我，使画面更清晰，真正感觉自己是理想中的自己。相关详细信息，请查看搏击健身网站，了解我们的理想的可视化减肥计划。

现在你已经了解了健康的均衡营养，调整生活方式和饮食习惯的简单方法。如此一来，不仅可以让自己获得更健康、更强大的身体，还能拥有较高的能量、专注度和体能水平。接下来，我们将介绍如何通过训练让身体处于预期的外形状态。在第4章中，将介绍如何开始任何一项搏击健身训练计划。

第4章

搏击训练

通过本章你将会学习和使用整个训练计划，也会了解每种训练的目的；并通过分步指导，学习如何正确地、安全地进行训练，以获得良好的健身效果。大多数训练将会分解为简单的操作步骤，并附图片来展示如何执行。那么，现在开始吧！

本书第2章介绍的部分测试练习（俯卧撑、波比跳、卷腹、深蹲跳、背起和触趾运动）也可作为搏击训练的内容。由于第2章已有详细介绍，本章不再赘述。

平衡摆腿

平衡摆腿作用于小腿，以及臀部和大腿，逐渐锻炼肌肉并从正确的作用点去塑形。从站立位开始，先向后摆动右腿（见图4.1a），然后向前摆，至少摆动腿与腰同高（见图4.1b）。换腿重复上述动作。随着训练，身体更加灵活，腿摆得更高，动作也会更流畅。

图4.1 平衡摆腿

熊式爬行

起始姿势为四肢撑地（见图4.2a）。膝关节离地，身体的全部重量放在手掌和脚趾上，向前爬行（见图4.2b）。身体保持低到几乎触地，肩部和臀部呈一条直线来支撑核心。避免臀部翘起以及下背部弯曲这样的普遍性错误。

图4.2 熊式爬行

桥式平板支撑

身体呈俯卧撑姿势，手掌和脚趾分担身体的重量（见图4.3a）。右臂弯曲，身体向下，肘部触地（见图4.3b）；左臂随后做相同动作，身体呈平板支撑姿势，肩部、臀部、脚趾呈一条直线（见图4.3c）。

图4.3　桥式平板支撑

跪姿后抬腿

　　跪姿后抬腿有助于锻炼臀部、髋部和大腿。开始的时候，双手和双膝触地，膝关节弯曲90度，大腿垂直于地板（见图4.4a）。抬头，左腿向上向后抬，膝关节保持90度弯曲，直到抬起的脚高于头部；或者抬起的大腿的水平高度与上半身持平（见图4.4b）。左侧臀部收紧，然后慢慢将左腿回落至起始姿势。换右腿做相司的动作，然后重复训练。

图4.4　跪姿后抬腿

后踢腿

后踢腿练习可以激活腘绳肌和臀大肌。这一拉伸运动的原理基本上与高抬腿相同。唯一的区别在于，在这项练习里，脚跟向后踢时要保持大腿垂直于地面。身体直立，略微前倾，保持目视前方（见图4.5a）。手臂快速地摆动，同时抬下巴，保持大腿垂直于地面，脚跟后踢（见图4.5b），然后脚回踢到地面。步伐要又小又快。每次脚着地时迅速离开地面。双腿快速重复上述动作。

图4.5　后踢腿

半式波比跳

　　首先，双脚分开站立，与肩同宽（见图4.6a）。下蹲，双手触地板置于身前（见图4.6b），双脚向后移动，做俯卧撑姿势（见图4.6c）。双脚立即向胸部移动，回到下蹲姿势（见图4.6d），并从下蹲姿势起身尽可能跳起，落地回到起始姿势（见图4.6e）。

图4.6　半式波比跳

腘绳肌与小腿拉伸

此类拉伸运动的重点是通过逐渐安全地扩大肌肉的活动度来为运动做好准备。

➤ 双腿伸直坐在地板上。一条腿弯曲，贴近胸部，手握脚踝来固定弯曲的腿。保持20秒，另一条腿重复上述动作。拉伸示例见图4.7。

➤ 手掌贴墙，一条腿向后迈，脚跟着地。前腿弯曲，保持舒适的姿势。背部挺直，脚跟紧贴地板，前腿做弓步慢慢向前移动，感受小腿后侧肌肉的拉伸。保持20秒，另一条腿重复上述动作。拉伸示例见图4.8。

图4.7 腘绳肌与小腿拉伸1

图4.8 腘绳肌与小腿拉伸2

手部拉伸

搏击健身训练计划中，进行非常简单有效的手指和腕部拉伸练习可以放松僵硬的手指和手腕，让手更加灵活、强壮，出拳迅速又精确。每天做这些手部拉伸运动，很快就可以感觉到好处多多。

腕部拉伸时，保持颈部后侧和脊柱伸展。

➤ 先从右手开始，手指逐一轻轻向后拉伸。左手重复相同动作。拉伸示例见图4.9。

➤ 现在把右手所有手指归位，同时拉伸所有手指，打开右手手掌，重复3次。左手重复相同动作。拉伸示例见图4.10。

➤ 右手拇指向手腕拉伸，然后向前轻轻伸展。左手重复相同动作。拉伸示例见图4.11。

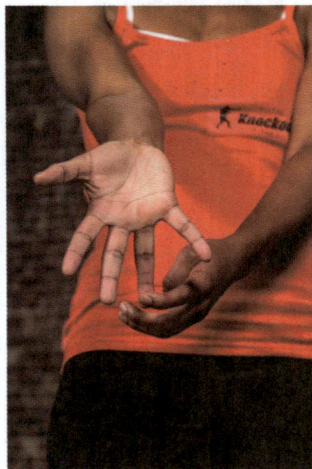

图4.9 手部拉伸：手指逐一轻轻向后拉伸

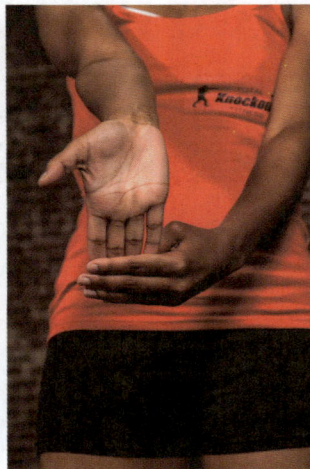

图4.10 手部拉伸：同时拉伸所有手指

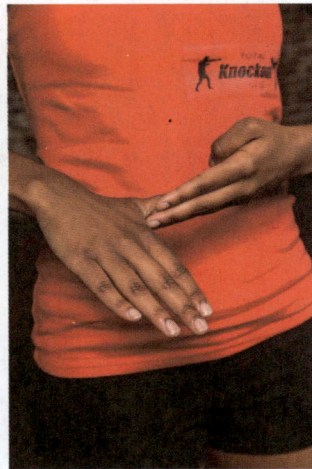

图4.11 手部拉伸：拉伸拇指

➤ 右手握拳，然后慢慢张开，手指和拇指尽可能伸展。左手重复相同动作。拉伸示例见图4.12。

➤ 两手掌贴在一起，手指朝上，就像在祈祷一样。伸展手指并用力按压两手掌。保持手掌一直紧贴按压，同时逐渐降低至小臂平行。进一步放低，使手指和手掌依然紧贴不分开，可以感受到手指和手腕内部的拉伸。保持几秒，然后重复3遍。拉伸示例见图4.13。

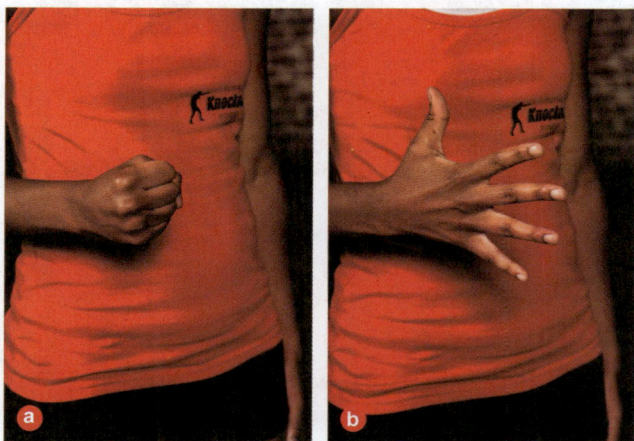

图4.12　手部拉伸：握拳，伸展手指和拇指

图4.13　手部拉伸：双手合十，伸展手指和手腕

高抬腿

　　高抬腿可以激活髋屈肌，拉伸髋部。这是一种基本的跑步方式，只是膝要高于正常水平（理想情况是高于腰）。直立位，保持背部挺直，目视前方。运动过程中，手臂快速摆动，加大抬膝幅度，使大腿与地面平行（见图4.14）。步伐要短暂而快速。每次脚落地后迅速离开地面，让脚尽可能快地运动，同时踝、膝、髋和肩始终朝向前方。

图4.14　高抬腿

髋部屈曲与转体

髋部屈曲与转体可以增加髋关节和肩关节的活动度。双脚分开站立，略宽于髋（见图4.15a）。指尖在身体前方从大腿两侧缓慢向下，保持背部挺直（见图4.15b），由髋部带动上半身旋转，右手伸向左脚（见图4.15c）。换另侧重复相同动作，左手伸向右脚。

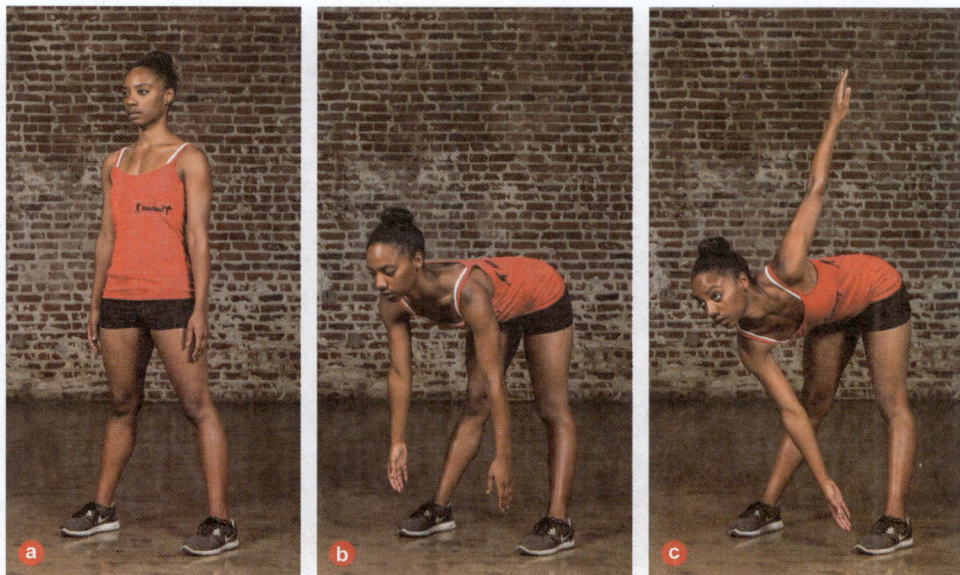

图4.15　髋部屈曲与转体

髋部旋转

髋部旋转可以提高髋部、大腿和臀部的柔韧性。开始时四肢着地（见图4.16a）。肩部与髋部呈一条直线；背部挺直；双手位于肩部正下方；双膝位于髋部正下方。保持右腿弯曲状态下将右腿抬至一侧（见图4.16b），然后回到原位，双膝重新并排在一起。左腿重复相同的动作。

图4.16 髋部旋转

肩部拉伸

肩部拉伸可以舒展肩部和双手。左手从后背伸向右侧肩胛骨（见图4.17a）。右手伸到头后，尽力触摸左侧肩胛骨（见图4.17b）。保持20秒后，交换手臂。这一拉伸动作旨在触摸对侧的肩胛骨。

图4.17 肩部拉伸

原地慢跑

顾名思义，只需原地慢跑约两分钟，就可以提高心率，达到热身效果。确保膝盖放松，脚轻轻落在地板上，而不是用力地砸向地板，否则可能会让膝关节受伤。手臂自然垂于两侧，轻轻晃动肩部，放松。后期了解主要的拳法后，你可以在原地慢跑的同时，在特定的时间内向头部上方挥拳，充分发挥原地慢跑的作用，让它更有节奏。

弓步跳跃

弓步跳跃是另一种爆发性强的运动，可以强化主要肌肉。首先，呈弓步姿势，后膝离地面不超过5厘米，前膝在前脚正上方（见图4.18a）。然后，从弓步姿势向上跳，手臂向上摆动以增加动力和爆发性（见图4.18b）。腾空期间，交换双腿，另一条腿以相似的姿势在身前着地，然后降低重心做另一个弓步。动作要更有爆发力，争取尽可能多的"腾空时间"。

图4.18 弓步跳跃

侧弓步

侧弓步可以增强内收肌和大腿内侧的力量和柔韧性。双脚分开，挺胸直立，目视前方（见图4.19a）。向一侧迈出一大步，保持抬头挺胸（见图4.19b）。一条腿屈膝降低重心，另一条腿蹬直，保持屈膝腿的膝和脚趾在一条线上（见图4.19c）。

图4.19 侧弓步

低强度空击

你可以将胶带粘在镜子上，以此来标记一些关键点，例如中心轴和肘部位置。交叉粘贴标记特定位置，例如下巴中央，有助于进行技巧训练。

双脚分开，与肩同宽，身体直立或做防守姿势。前脚自然向前，肩与脚趾保持在一条直线上，后脚向外倾斜45度（与背部形成一个三角形）并弯曲膝关节。手举过头顶，手指向下，拇指在拳头外侧。肘部向下保护肋骨，保持拳头与下巴呈一直线，手掌朝内。髋部稍微向前倾斜，将70%的体重放在脚掌上，瞄准下巴正前方。全身协调运动，围绕中心轴旋转，连续出直拳，左、右勾拳，上、下勾拳5种拳击组合。在不消耗全部力量的情况下，保持稳定的节奏来激活肌肉，集中精力进行锻炼。低强度空击练习的目的在于热身，而不是要在主要训练开始之前就让身体疲倦，因此要保持较低强度。专注于技术和流畅性，而不是速度和爆发力。

仰卧膝触胸

　　仰卧膝触胸可以改善腘绳肌、臀大肌、下背部肌肉和髋屈肌的柔韧性。平躺在地板上（见图4.20a），一条腿朝胸部抬起，用手将其抓住，尽可能拉近胸部，感受大腿后侧的拉伸（见图4.20b）。另一条腿重复相同动作。

图4.20　仰卧膝触胸

多方向蹲推

　　开始的时候，手脚放在地板上，呈俯卧撑姿势，背部与地面平行（见图4.21a）。双手静止不动，双脚向前跳跃，双膝靠近肘部（见图4.21b）；然后双脚向后跳，向左伸展双腿（见图4.21c）。双脚再次前跳（见图4.21d），然后双脚向后跳，再向右伸展双腿。重复相应的次数。

图4.21　多方向蹲推

越障练习

越障练习可以加强腿部肌肉力量，为主要训练做准备。面向与动作方向相反的一侧。尽可能抬高左膝（见图4.22a），然后向后退，好像是要向后走并越过路障（见图4.22b）。跨过假想的路障时，保持上半身挺直，肩部放松。右腿重复相同的动作，然后继续交替双腿进行练习。

图4.22　越障练习

交替弓步

开始时双脚并拢（见图4.23a），右脚向前弓步（见图4.23b），然后在活动度内切换双腿，右脚处于后弓步姿势时结束练习（见图4.23c）。然后回到起始姿势，换腿继续重复上述动作。

图4.23　交替弓步

心脏外周动作循环

这一特定训练称为心脏外周动作（peripheral heart action，PHA）循环，包括了上下半身交替抗阻运动，并在短时间内进行心肺活动。在交替进行上半身和下半身运动时，心脏会进入高强度的工作状态，将血液从一个区域泵送到另一区域，让心血管系统更好地工作，从而变得更强壮，这正是提高心肺机能所需要的。

高抬腿侧向跳

首先，原地跑步并摆动手臂。每一步都要将膝盖抬至90度或者更高（见图4.24a）。完成10次高抬腿（每条腿5次）后，双脚并拢着地，让腿部承受身体重量，然后向左跳（见图4.24b）。接着再进行10次高抬腿（每条腿5次），然后向右跳。在规定时间内，继续重复上述动作。

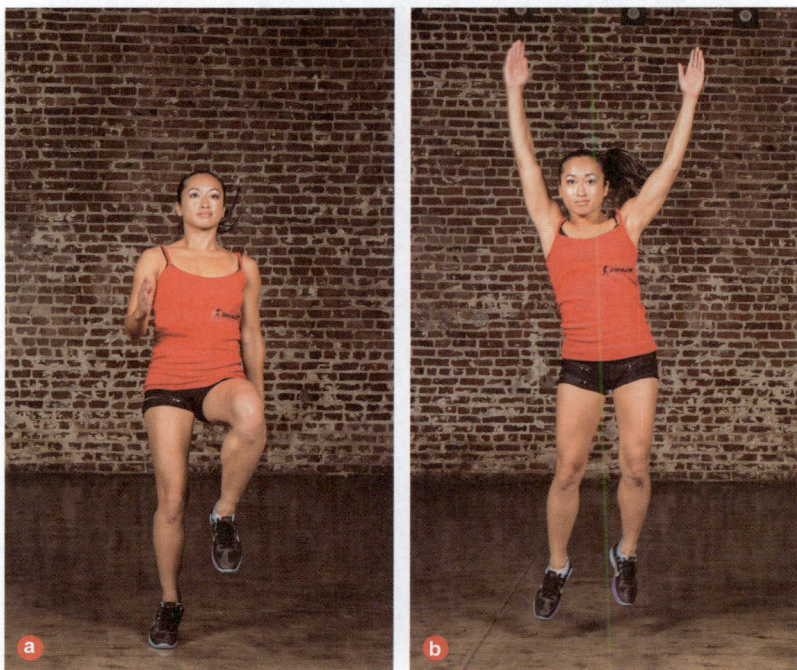

图4.24 高抬腿侧向跳

平板支撑

平板支撑非常适合锻炼核心肌肉。将身体支点放在肘部和脚尖上，腿伸直，身体抬高，形成一条从头到脚的直线（见图4.25）。注意，髋部不要抬高或下垂，避免颈部紧绷。只要能保持完美形态，就可以一直保持这个姿势，随着自己身体素质的加强，可以延长时间。

图4.25　平板支撑

平板支撑交替抬腿

平板支撑交替抬腿非常适合用来锻炼核心肌肉、臀部和大腿。用肘部和脚尖来承受身体重量，伸直腿并抬高身体，从头到脚形成一条直线（见图4.26a）。注意，髋部不要抬高或下垂，避免颈部紧绷。保持片刻，稳定自己；然后，收紧臀部，将右腿抬离地面约10厘米（见图4.26b）。停留3秒，放下右腿。换另一条腿重复上述动作。

图4.26 平板支撑交替抬腿

平板支撑转体

平板支撑转体可以提高肩部和脊椎的柔韧性。开始的时候，呈俯卧撑的姿势，肩部和髋部在一条直线上，身体支点放在脚趾和双手上（见图4.27a）。核心收紧，一只手抬离地面，另一只手支撑身体重量。扭转躯干，在保持良好姿势的同时，尽可能地将离地的手向上伸直至与支撑臂平行（见图4.27b）。回到起始姿势，另一侧重复相同动作。

图4.27 平板支撑转体

俯卧撑－保持

俯卧撑－保持非常适于锻炼胸部、手臂、肩部和核心。开始的时候，呈撑起姿势，肩部和髋部始终在一条直线上（见图4.28a）。吸气，将胸部放低触地，在最低点停顿3~5秒（见图4.28b），呼气，身体向上，手掌向下推使身体远离地面（见图4.28c）。

图4.28 俯卧撑－保持

弓步转体

　　弓步转体着重于锻炼腿部和核心。首先，双脚分开与肩同宽，身体挺直，双臂放在两侧，掌心向内（见图4.29a）。左脚向后做弓步，双臂向前伸直（见图4.29b）。髋部降低，右侧大腿与地面平行，右膝应在脚踝正上方，右脚应笔直向前，左膝弯曲90度。到达整个运动过程中身体最低点（左膝距地面2.5厘米）后，躯干和手臂在右侧大腿上方旋转（见图4.29c），然后返回中心位。动作完成，回到起始姿势并在另一侧重复相同动作。

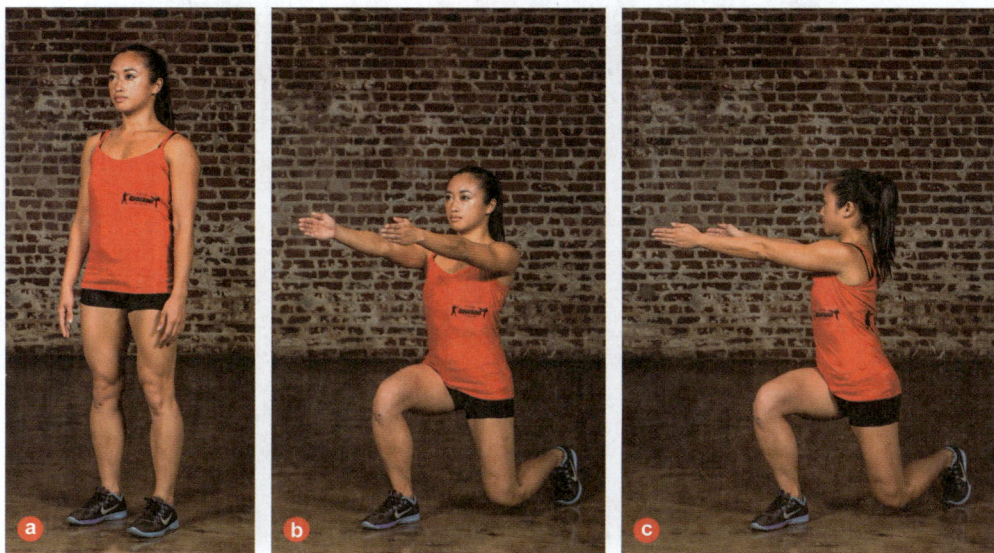

图4.29 弓步转体

左右跳跃

　　双脚分开站立，与肩同宽，身体重量放在左脚上，右脚抬离地面（见图4.30a）。重心移到左脚掌心，抬起手臂过头顶，同时尽可能向右跳（见图4.30b），右脚着地（见图4.30c），然后反方向重复上述动作，回到起始姿势。以上为一个完整的动作流程。

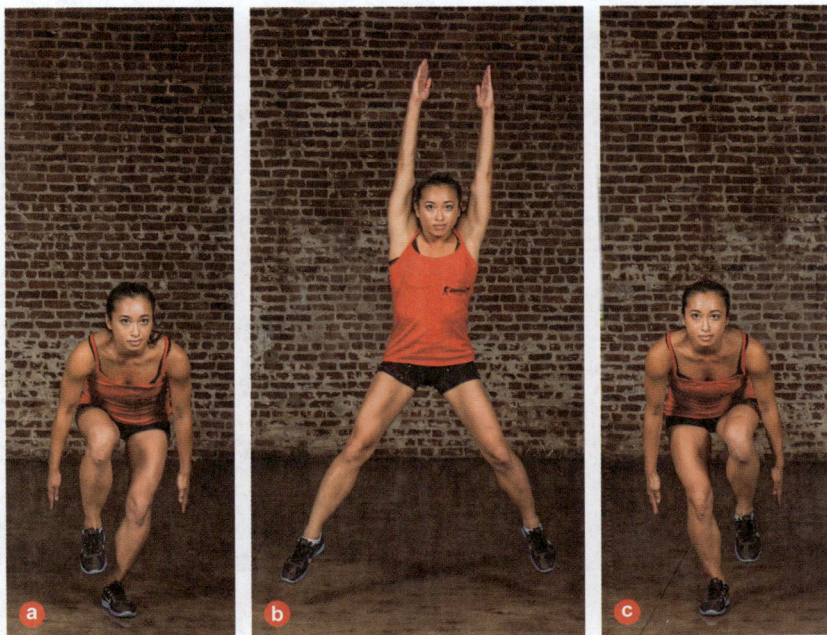

图4.30　左右跳跃

单腿支撑触墙

这个练习主要训练平衡性、协调性和灵活性。单腿微下蹲着地站立在离墙壁约一个半手臂的位置。旋转身体，手要触及墙壁上的3个不同区域（例如，在正前方，任意一侧）。你可以挑战增加难度，手的位置更高或更低，或者随机混合（见图4.31a~d）。每次触及保持20秒。在整个练习过程中，保持良好的姿势，控制身体运动，最大限度地发挥训练的作用。换另一只脚重复上述动作。

图4.31 单腿支撑触墙：a. 前；b. 侧；c. 高；d. 低

跳绳

在搏击健身训练的主要阶段，跳绳能带来不错的热身效果。以下是主要的跳绳模式和技术的细分种类，这些跳绳模式能够在极短时间内消耗热量并强化心血管健康。

向后跳绳

开始向后跳绳，用手腕将绳索甩过头顶，方向向后，绳索从后面靠近脚；轻轻跳一下，绳索从脚下穿过。将绳索再次向上（方向向后）摆动到头上，当绳索从后面靠近脚时，再次跳跃。逐渐熟悉向后跳绳后，可以加快跳绳速度。

脚尖脚跟跳绳

手腕摆动绳索，使之甩过头顶并朝着脚趾的方向，右脚的脚尖抵在左脚脚跟后，轻轻跳跃，让绳索穿过脚下。将绳索再次摆动至头上方，并在绳索接近脚趾时再次跳跃，但这一次是左脚脚尖抵在右脚脚跟后。逐渐熟悉后，可以加快跳绳速度。

交叉跳绳

交叉双臂，手腕摆动，绳索从头顶上方到脚趾下方；轻轻跳一下，让绳索从脚下穿过。张开双臂做常规的跳绳动作，然后再次交叉双臂，将绳索向上摆动，使之甩过头顶，并在绳索接近脚趾时再次跳跃。确保双臂在足够低的位置交叉，以便跨过绳索。逐渐熟悉后，可以加快跳绳速度。

双摇跳绳

同样，手腕摆动绳索，使之甩过头顶回落到脚趾下方。摆动2次绳索（绳索甩过头顶2次，但只跳跃1次）。逐渐熟悉后，可以加快跳绳速度。

脚跟跳绳

手腕摆动绳索，使之甩过头顶回落到脚趾下方，双脚并拢，轻轻跳跃，让绳索从脚下穿过。再次摆动绳索，使之甩过头顶，当绳索接近脚趾时，再次跳跃，但这一次是前脚脚跟轻轻地跳。第3次跳跃的时候，双脚并拢。第4次跳跃的时候，依然是前脚脚跟轻轻地跳（换成另一只脚）。逐渐熟悉后，可以加快跳绳速度。

高膝跳绳

手腕摆动绳索，使之甩过头顶回落到脚趾下方，将一条腿的膝盖抬至腰部高度，进行一次轻跳，让绳索从脚下穿过。再次摆动绳索，使之甩过头顶，再次跳跃，这次要放下膝盖。逐渐熟悉后，可以加快跳绳速度。

双跳跳绳

手腕摆动绳索，使之甩过头顶回落到脚趾下方，快速跳动2次，绳索从脚下穿过。再次摆动绳索，使之甩过头顶，当绳索接近脚趾时，再跳2次。

单摇跳绳

理论上，就是指单次摆绳，单次跳跃。手腕摆动绳索，使之甩过头顶回落到脚趾下方，轻轻跳一下，让绳索从脚下穿过。再次摆动绳索，使之甩过头顶，并在接近脚趾时再次跳动。逐渐熟悉后，可以加快跳绳速度。

脚尖跳绳

手腕摆动绳索，使之甩过头顶回落到脚趾下方，双脚并拢，轻轻跳一下，让绳索从脚下穿过。再次摆动绳索，使之甩过头顶，绳子接近脚趾时再次跳跃，但这一次是后脚脚尖轻轻地跳。第3次跳动的时候，双脚并拢。第4次是后脚脚尖轻轻地跳（换成另一只脚）。逐渐熟悉后，可以加快跳绳速度。

三摇跳绳

手腕摆动绳索，使之甩过头顶回落到脚趾下方，跳1次，进行3次摆动绳索，让绳子从脚下穿过。再次摆动绳索，使之甩过头顶，然后继续重复这种运动方式。逐渐熟悉后，可以加快跳绳速度。

蜘蛛爬行

　　这个练习可以加强前腿侧面臀大肌和后腿侧面髋屈肌的柔韧性。起始姿势为俯卧撑姿势（见图4.32a）。将左脚抬离地面，膝伸向肘部（见图4.32b），然后脚落在地面上，尽可能靠近左手的外侧（见图4.32c），保持20～30秒。在整个运动过程中，身体其余部位保持稳定。然后切换至另一侧，重复相同动作。

图4.32　蜘蛛爬行

脚趾触碰

这个练习可以改善脚踝、膝盖和髋部的平衡性和柔韧性。重心放在右脚上，在脑海里想象一个钟表，左脚伸到12点方向、9点方向以及6点方向（见图4.33a~c）。换脚，右脚伸到12点方向、3点方向和6点方向。每侧重复一次。

图4.33 脚趾触碰

全身拉伸

记住，在训练的最后要进行两分钟的全身拉伸，让身体从训练状态中恢复过来。全身拉伸包括：拉伸腘绳肌和小腿，保持20~30秒；肩部向外和向内伸展20~30秒；每条腿做仰卧膝触胸20秒。

军步行进

军步行进可以激活腘绳肌、臀大肌和髋屈肌。身体直立（见图4.34a），左腿伸直，尽可能高地向前踢（见图4.34b）。右手指尖触摸左脚脚趾，这基本上就是直腿行走。右腿重复相同的动作。

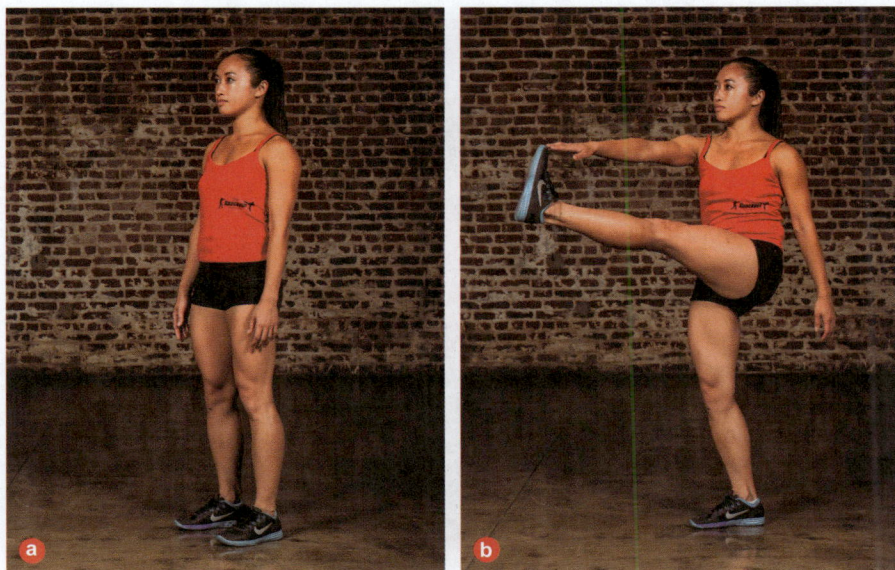

图4.34　军步行进

肱三头肌撑体

肱三头肌撑体能够很好地强化手臂后侧肌肉。站在长凳前，双手撑在长凳上面与肩同宽，双脚在面前的地面上分开，与髋同宽。手臂伸直，支撑身体重量，肘部保持略微弯曲，这样才能保持肱三头肌的张力并保护肘关节（见图4.35a）。然后慢慢弯曲肘部，将身体向地面移动，直到手臂呈90度（见图4.35b）。确保背部和臀部靠近长凳。身体有控制地返回到起始姿势，重复练习。

图4.35 肱三头肌撑体

团身跳

双脚分开站立，与肩同宽（见图4.36a）。尽可能高地跳起，同时手臂举起。在空中时，着地前，双腿迅速向胸部屈曲（见图4.36b）。然后快速伸展双腿，落地。运动过程中，胸部挺直，保持良好姿势。

图4.36 团身跳

弓步行走

这个练习可锻炼臀部肌肉、腘绳肌、股四头肌、腹部肌肉、背部肌肉和核心肌肉。在弓步行走的时候，保持身体平衡。弓步行走与普通弓步相似，不同之处在于，每次弓步之后要向前一步。面向前方，双脚分开站立（见图4.37a）。背部挺直，抬起头和下巴。弓步行走时，可以把手放在髋部，右脚向上抬起，腿成倒置的L形。保持膝和髋部以及膝和脚踝的位置对齐。吸气，向前迈步，脚跟着地，脚掌到脚趾逐步触地。后腿膝关节降低，几乎触地（见图4.37b）。处于弓步姿势的时候，保持膝和髋部、脚踝分别对齐，并且前腿膝关节不要超过脚趾。呼气，抬起后脚脚趾，身体直立。后脚前进一步，再次做弓步，每次弓步后向前走一步，连续进行。

如果要尝试更高难度的弓步行走，可以给每只手增加一定的负重，例如使用杠铃（2~4千克）。这样可以增加热身强度，加强力量。如果动作技术正确无误，并且感到难度不是很大，就可以增加负重。但是，增加负重不是运动中最重要的部分，技术才是至关重要的。

图4.37 弓步行走

股四头肌行进间拉伸

　　股四头肌行进间拉伸是放松和拉伸股四头肌和髋屈肌的最佳选择。从站立位开始（见图4.38a）。右手握住右脚踝，将脚跟拉到臀部，膝指向地面约30秒（见图4.38b），左侧膝关节和髋关节保持伸展。在伸展过程中，臀部保持收紧状态，不要过度伸展下背部。深呼吸，让肌肉深度拉伸。右脚向前走，另一侧重复拉伸动作。

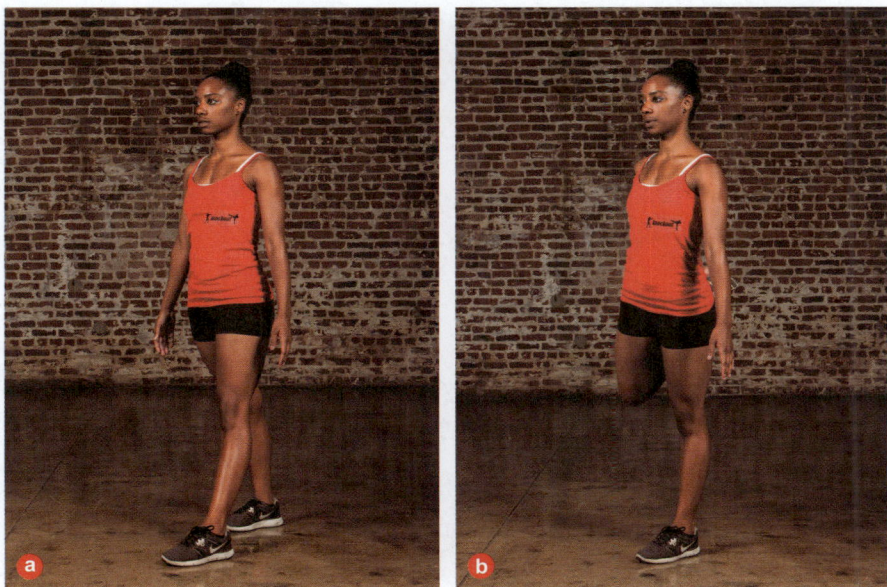

图4.38　股四头肌行进间拉伸

第5章

热 身

热身指的是为锻炼做准备，避免运动过程中受伤，并且可以减轻训练后的几天内肌肉酸痛的情况。拳击里的热身运动有很多种，其中某些特定运动肯定比其余的运动更有效。由拳击冠军和健身专家共同开创的搏击热身，结合了动态拉伸和有趣的跳绳技巧（加上其他一些技巧），所以你可以充分利用健身训练计划，获得日常所需能量。它经过专业设计，有助于运动员为运动做准备，提高身体体能水平，此外，该热身方式还有以下益处。

✓ 在主要训练中，可以达到热身效果，使肌肉更快地拉伸，有助于特定部位的塑形和训练。

✓ 改善整体运动表现和训练体验。

✓ 让身体逐渐为接下来的剧烈运动做准备，放松肌肉，减少受伤和肌肉酸痛的风险。

✓ 通过刺激肌群来提升活动度，加强力量和速度。

✓ 升高体温，提高肌肉的弹性并降低肌肉撕裂和拉伤的风险。

✓ 缓慢提高心率，让心脏为训练做好准备。

✓ 通过清除思绪杂念，强化注意力，让思想和身体专注于训练，用正确的方式调动肌肉。

本书后面介绍的搏击健身训练计划通常为60分钟，分为3部分：热身阶段（通常持续10分钟左右）、主要训练阶段（持续约45分钟）和整理运动阶段（持续约5分钟）。这样的时间分配能够确保身体随时准备就绪。在热身期间，身体已经可以适应主要训练阶段。主要训练阶段涉及的肌肉和部位正是在整理运动阶段需要放松的，这样可以让训练尽可能地发挥作用，并减轻第2天的肌肉酸痛。

本章将探索有趣而简单的方法，让你充分享受冠军般的专业热身，从中受益，做好运动前的身心准备，在燃烧热量运动中快速排汗并燃烧热量。热身阶段包括3种程度的10分钟热身：初级、进阶和高阶。如果觉得自己已经掌握所有的拉伸运动和跳绳技巧，就可以尝试几种运动搭配，以满足自身的需求和喜好。挑战更高难度的热身运动，可以保持趣味感、新鲜感和兴奋感。

搏击健身训练热身准备

在开始搏击健身训练的热身运动之前，请确保自己的身心已做好准备。这样才能充分发挥热身的作用，进而从一开始就感受到训练的好处。以下是一些关于热身运动的建议。

训练前两小时进食

至少在训练前两个小时，请确保身体补足了水分，以及食用了清淡且营养丰富的食品。训练之前，短时间内进食可能会让人昏昏欲睡，以致不能以自己的最佳状态进行训练。请选择蛋白质和碳水化合物平衡，又易于消化的食物。例如，鳄梨或金枪鱼搭配全麦面包，或者将香蕉与杏仁、酸奶搭配。如果想要搭配些零食，可以选择鸡胸肉和蒸粗麦粉。同时，也不要忘记摄取足够的水分：大约一两杯水或等渗饮料。避免食用酸性水果，例如奇异果和橙子，因为这样可能会在训练中引起胃部不适。此外，远离诸如比萨、汉堡、油炸食品和甜食之类的高脂肪食物，以及食用土豆和大米等含淀粉的食物。训练中，如果腹部的负担过大，就会感到恶心、身体僵硬。

情景准备

开始热身之前，一切要准备就绪。在热身过程中，尽量不要因为喝水、开收音机、拿毛巾或换衣服这些情况而暂停下来。

如果在家中锻炼，确保训练所需的空间足够，并且不会受到室友、伙伴或孩子的打扰。为了在热身阶段和主要训练阶段保持专注，我们需要一个没有干扰的空间。健身房拳击场的安静一角，或者一间布置好的工作室，都是不错的选择。

如果在训练时音乐能激发动力，可以准备一些自己喜欢的曲目。摆好所需的所有运动器材（例如，跳绳、拳击手套），换上宽松的运动服（一件简单的T恤和短裤即可，不需要花哨的服装），准备一条毛巾，因为在主要训练阶段会出汗。整个训练过程中记得带上本书，在完全熟悉之前可以随时参考阅读。不久之后，你将不再需要书本的指导，因为训练过程会自然地成为习惯。在逐渐熟悉的过程中，你会慢慢发现适合自己的体能训练，并自发地做一些相关的训练。如果在某个阶段正在寻找新的灵感，或者想要改变运动习惯，只需再次阅读本书寻求一些指导，就能获取一些新的塑形想法。

思想热身

你可以利用热身让身心完全集中于即将进行的训练：一种消耗热量的运动，可以帮助你实现健身和体形目标——每做一个动作都离目标更进一步。精英级搏击健身教练训练高水平运动员时，他们都认为心理准备对于训练的平衡和效果都非常重要。

热身前的动力支撑

在开始热身之前，请考虑一下运动背后的动机。问问自己为什么要运动，想一想会有什么变化。是想要减肥让自己看起来苗条，还是渴望拥有更健美、更强壮的身体？在开始热身之前，提醒自己目标是什么，并记住每次动作的重复都会让自己更接近目标！这样就可以专注于期望的结果，从一开始就将自己的思想、态度摆正。

搏击健身训练热身技术

接下来介绍的热身运动是由知名教练和拳击冠军专门设计的，能够提供全方位的训练，让身体为搏击健身的主要训练阶段做好准备。其中包括有趣的动作和练习，它们能够提高心率并热身，最大限度地利用好每次训练。下面是详细介绍。

跳绳

我们大多数人都不喜欢世界各地拳击馆中很普遍的一件事：快速旋转绳索时发出的呼呼声。但对于大多数拳击手和健身爱好者来说，这种声音是美好而真实的运动之声，它说明运动效果非常明显。跳绳是一种提高体能水平的高效方法，好处如下。

✓ 调节肌肉，如果步法到位可以塑造腿形并增强腿部力量。

✓ 提高灵活性、手眼协调性、反应能力和平衡性。

✓ 增强耐力和持久度。

✓ 改善节奏感、敏捷度和步法。

搏击健身训练中，人们通常将大约 5 分钟有趣的跳绳技术整合到热身阶段。跳绳可以让身体的某些特定部位为接下来的训练做好准备。跳绳可以增强腿部肌肉、改善姿势、提高心率，是一种对心肺呼吸非常有利的运动。在正式介绍之前，请先快速浏览常用的一些跳绳类型。

初学跳绳，这里提供一些小技巧，有助于掌握正确的跳绳技术。在开始跳绳之前，请记住以下几点。

✓ 背部挺直，肩部呈直角；双腿膝关节略微弯曲，以免受伤。

✓ 不要跳得太高。轻跳即可很好地完成训练，确保安全着地。

✓ 开始时节奏缓慢，逐步加快。

跳绳时放一些喜欢的背景音乐，可以让训练更加有趣。如果没有意识到这一点，甚至会觉得训练非常吃力（科学家已经证明音乐对运动有积极的影响）。音乐还有利于时间安排和提高协调性，因此，请播放一些常听曲目。

- ✓ 无论选择哪种类型的跳绳，务必购买合适的尺码。对此，可参阅第1章表1.1。
- ✓ 跳绳时要穿跑步鞋或综合训练鞋，场地要选择橡胶地板、木地板或者铺有地毯的地面。
- ✓ 面对全身镜跳绳，特别是在刚开始时，这样可以看到自己的动作。
- ✓ 不要低头看脚，否则会影响时间控制。
- ✓ 手腕确保绳索平稳转动。
- ✓ 身体不要前倾；抬起头，背部挺直。
- ✓ 尽量不要跳得太慢，以免脚踩到绳索。
- ✓ 跳绳时，始终保持绳索处于紧绷状态。
- ✓ 如果速度很快，那么跳跃幅度要小一些，让绳索与头部的距离小一些。

动态拉伸

在搏击健身中，我们将动态拉伸和高级动态拉伸整合到了每次的热身中，最大限度地发挥拉伸对健身的益处。静态拉伸是在静止状态下进行的，与静态拉伸不同，动态拉伸是在运动状态下进行的。动态拉伸可以增大活动度，让血液和氧气流向体内的软组织，它能够让身体为训练和运动做好准备。现在，大多数教练和体育专业人士都使用动态拉伸来改善运动表现，降低受伤风险。动态拉伸既可以让身体准备就绪，从而有效地锻炼，又可以帮助肌肉在日常训练后进行放松。

动态拉伸能让全身得到预热并准备就绪！

搏击健身训练热身示例

图5.1、图5.2和图5.3提供了搏击健身训练热身示例。有助于为主要训练阶段做好充分准备。注意，在第4章中可以找到下列示例中提到的所有训练。

跳绳	单摇跳绳（10 次） 双摇跳绳（10 次）
动态拉伸	弓步行走（30 秒） 高抬腿（30 秒） 军步行进（30 秒）
其他动作	原地慢跑（30 秒） 俯卧撑（10 次）
总时间：约 10 分钟	

图 5.1　初级热身

跳绳	单摇跳绳（10 次） 双摇跳绳（10 次） 向后跳绳（10 次）
动态拉伸	弓步行走（10 次） 军步行进（30 秒） 越障练习（30 秒）
其他动作	原地慢跑（30 秒） 俯卧撑（10 次）
总时间：约 10 分钟	

图 5.2　中级热身

跳绳	向后跳绳（10 次） 交叉跳绳（10 次） 脚跟跳绳（10 次）
动态拉伸	弓步行走（10 次） 后踢腿（30 秒） 越障练习（30 秒）
其他动作	原地慢跑（30 秒） 俯卧撑（10 次）
总时间：约 10 分钟	

图 5.3　高级热身

从简单的基本示例开始，并随着对更复杂的跳绳和动态拉伸示例的掌握度的提高而增加难度。由于训练和拉伸的速度会更快，所以你的热身时间不会过长。如果想燃烧更多的热量，可以试着在更短的时间内做更多的事情，那真的非常了不起！

在进入更高级的示例之前，请花一些时间学习和掌握所有基本的热身技术。

现在，已经知道了该如何让身体为即将开始的主要训练阶段做好准备。在接下来的环节中，无论对出拳的风格和速度有多兴奋，请始终确保从良好的、均衡的热身运动开始训练，这样可以让身体充分受益。

第6章

姿势与步法

目前已经介绍了哪些设备和器材可以充分发挥拳击运动的作用，如何用一些营养摄取的技巧来优化训练的效果，以及均衡的热身过程如何作用于主要训练阶段。现在是时候开始了，从拳击技术中实用而有趣的部分入手，可以让你处于良好的状态，在博击健身训练中取得优异的成果！

本章将探讨拳击的基础，每个人（从新手到冠军）都需要注意准确性的动作：准备姿势、防守姿势以及基本步法。在本章中可以学到提高体能水平和改善身体动作以及步法技巧的拳击技术，为燃烧热量、热门步法和组合拳训练做好准备。

正确掌握拳击的基本原理非常重要。在学习走路之前不能跑步，拳击也是一样的。在学习组合拳之前，必须学习掌握基本的拳击动作。以下是一些基本拳击知识的关键点。

初步掌握正确的基础知识

掌握正确的拳击基础知识，包括准备姿势、防守姿势和基本步法等，可以为训练打好良好而安全的基础，从而在更高级的拳击技术和训练中脱颖而出。基础知识指的是如何安全地、自信地定位和移动身体的核心。掌握这些基础知识还可以确保手脚、背部和腿部处于正确的位置，展现良好的拳法，为掌握第7章中将要学习的4个主要拳法的技巧和要求做准备。

另外，掌握正确的基础知识还有助于避免出拳或做其他动作时对肩部、脊柱和关节造成伤害。安全、正确的姿势可以防止手腕、肘部、肩部和脊柱受伤，并在组合拳重复练习时提高效率和精准度。良好而安全的步法不仅可以让人在各个方向上平稳而迅速地移动，还可以提高出拳能力和速度。当脚掌承受70%的体重且髋部稍微向前倾斜时，重心会前移，从而出拳力量更大。这样可以减少对力量的依赖，而更多地依靠身体重量和动作。

提高心肺机能水平

掌握正确的拳击基础知识还可以提高心肺机能水平。快速又安全的步法，以及从各种姿势迅速切换为防守姿势的能力可以加快心律、加快热量的燃烧，从而燃烧脂肪并增强肌肉耐力，塑造更苗条的体形。安全而高效的定位能够奠定坚实的基础，不断提高动作质量，最终提高拳击质量。接下来的几周，随着健康水平的提高，可以自然地增加出拳次数，运动将变得更快、更轻松，也会消耗更多的热量。

强化与塑形

姿势和步法练习不仅有助于练习快速流畅地动态连续出拳，而且还有助于双腿的强化与塑形，促进新陈代谢。腹部、下背部、上臂和肩部的肌肉得到锻炼后，就可以燃烧更多的热量。

以上就是拳击基础技巧的所有好处，接下来开始学习如何练习拳击。本章将介绍相关基本姿势、防守和步法技巧的所有问题。一定要逐步熟悉这些技术并反复练习，直到100%正确地掌握，达到滚瓜烂熟的程度。

准备姿势

通常，新手首先要学习的就是准备姿势，这是所有其他拳击动作的基础。我们使用的是叫作"从地面开始"的特定训练系统，也就是说，无论执行什么动作，都需将地面视作杠杆点。坚固且稳定的下盘和平衡的身体可以让你轻松、平衡、迅速、精确、充满力量地向各个方向移动。如果准备姿势不正确，就无法安全、有效地出拳和移动。初学时，就要一遍又一遍地练习正确姿势，想要充分发挥日常训练计划的作用并实现健身、减肥和能量方面的目标，这一点至关重要。

首先，确定自己是否更适应常规姿势（惯用右手，左脚引导）还是左撇子（惯用左手，右脚引导）。采取适当的姿势，前脚向前迈出一步，与肩并排，重心前移，70%的重量落在脚掌上。后脚向外倾斜45度，髋部稍微向前倾斜。挥拳的时候，将重量转移到脚掌上，这样有助于保持膝关节柔软或略微弯曲。注意，如果惯用右手，则左肩应指向目标；如果惯用左手，右肩应指向目标。做准备姿势时，提醒自己，背部保持挺直。如果姿势不准确，试试面对镜子调整。

拳击中通常有3种准备姿势：直立、半蹲和全蹲。职业拳击手往往会在不同情况下用到这3种姿势，并在整个比赛过程中切换，让对手不停地猜测。但是，在训练计划中，仅用到直立姿势，因为直立姿势对健身和塑造体形最有利。

直立姿势，如图6.1所示，双腿分开与肩同宽，前脚向前半步（注意，若惯用右手，也就是常规姿势，拳击手左脚和左拳在前）。右手与下巴同高，引导拳（左拳）在前方握拳，与下巴同高，距下巴约15厘米。后拳（右拳）握拳，位于下巴一侧，肘部距肋骨8~10厘米，呈自然放松姿势，保护身体。下巴略微靠向胸部但不触碰，稍微偏离中心，这样做是为了避免被打到下巴。因为在拳击比赛中，如果被打到下巴，往往就会被淘汰。

图6.1　直立姿势

防守姿势

防守姿势（即手臂和手相对头部有特定位置的一种姿势）可确保对下巴、面部、上身的保护，主要通过肩部转动带动手臂上下移动来实现保护。在搏击健身中保持良好的防守姿势，能够锻炼肩部周围的肌肉；结合其他动作和练习加强力量，可以大大改善姿势。

拳击中常用的3种防守姿势分别为高级防守姿势（躲闪）、初级防守姿势和中级防守姿势。

按照本章开篇所述，良好的直立姿势是防守姿势的开端。要遮挡或保护肋骨时，肘部靠近身侧，同时举起前臂。受到冲击前放松手臂，放松身体。头部稍微前倾，双手尽量保持与下巴同高，手掌向内。这样就是一个完美的准备姿势和防守姿势。双脚平均分配身体重量，脚尖不要朝前。在防守姿势中，要始终保持肩部和手臂放松。出拳后，手臂和手一定要重新回到防守姿势。中级防守姿势示例见图6.2。

尽可能地回顾基础知识，时常练习准备姿势和防守姿势。在不断的训练中逐渐取得进步后，就会发现正确地掌握基础知识多么重要。学习拳击时，基础知识会有很大的帮助。

图6.2　中级防守姿势

步法

学会准备姿势和防守姿势后，我们就来谈谈著名拳击手穆罕默德·阿里举世闻名的技能：步法。步法是指足部的特定移动。良好的步法让你能够迅速、顺畅地向各个方向移动，并且也是出拳精准的基础。良好的步法能燃烧更多的热量，并且让人能够非常迅速地改变方向。另外，还可以改善平衡，不管是单独出拳还是组合拳，都可以有更快的速度、更大的爆发力和更高的准确性。平衡对于拳击非常重要，而平衡的重

保持平衡

拳击当中，平衡能力越强，就会越有信心，出拳也就越有力、越精准。所以，关键就在于如何通过练习来保持和加强平衡。

➤ 双腿间的距离保持与肩同宽或比肩略宽，距离过窄可能会导致失去平衡。向前或向后移动时，双腿间的距离变大，然后返回至准备姿势。任何时候，双脚都不要交叉或平行。

➤ 将70%的重量放在脚掌上。

➤ 轻触地板。

➤ 受到冲击前，保持双腿均匀地分配体重。

➤ 专注于步法时，迈步要小。

➤ 注意双脚的位置！如果双脚偏离适当的位置，就可能会导致失去平衡、缺乏力量以及防守不当。

➤ 采取适当的准备姿势。保持双脚距离大致与肩同宽，膝略微弯曲。要测试姿势的平衡性，可以找一个人从对面用力地推你；如果失去平衡，那么就证明姿势不够稳定。

➤ 进行步法训练时，在头部和手臂没有相应移动的情况下，不要移动双脚。身体在来回运动中应该保持稳定。

➤ 出拳不要过度用力。出拳力度过大会失去平衡。在保持稳定姿势的同时，要控制出拳力量。

➤ 可以通过空击打拳来改善步法和平衡感。这种方法以空气为阻力，能够很好地改善平衡感。

➤ 改善体能。如果体能训练不到位，最受影响的就是活动度、步法和平衡感。

点就在于步法。步法不佳会让人失去平衡，导致出拳力度不够。

　　本节会阐述如何将步法技能结合到准备姿势和防守姿势当中，以提高技术、速度、敏捷性和灵活性。此外，掌握步法技能主要的好处之一就是在做挥拳动作时，可以最大限度地提高反应性、速度和动作流畅度（第7章中将详细讨论）。良好的步法对于发力也很重要，因为它使你可以在保持平衡的情况下出拳。

　　了解了平衡步法的关键后，就具备了避免受伤的基本知识，也就可以进行迅速而精确的运动。下一节会介绍特定方向的移动以及热量的燃烧，以进一步巩固拳击基础知识。

前进后退

　　挥拳时，向前移动，可以带来更大的冲击力，因为体重增加了出拳的力量。如果对手在推动前进，则要向后移动并同时挥拳。动作的推动力一般来自与运动方向相反的足部。前进时，推动力来自后脚，前脚先移动（见图6.3）。后退时，推动力来自前脚，后脚先移动（见图6.4）。只要记住：无论是前进还是后退，步伐都要保持正常。在熟练掌握之前，可能要花一点时间练习前进与后退。

图6.3　向前移动

图6.4　向后移动

横向移动

在搏击健身训练中，横向（左右）移动时，脚掌的推力有益于激活内收肌和外展肌。在专业拳击中，很多种拳法和组合拳都有可能破除对手的防守。左右移动还常用于反击或躲避对手的出拳。由于右腿产生推力向左滑动是自然反应，常规（惯用右手）拳击手通常倾向于移到左侧，这是因为左脚离对手更近。惯用左手的拳击手通常喜欢移动到右侧。记住，推力来自与移动方向相反的足部。向左移动的时候，推力来自右脚，左脚先迈步（向左移动示例见图6.5）。如果向右移动，则推力来自左脚，右脚先迈步。后脚的作用类似于动力驱动器，让你可以快速前进进攻。注意，前脚要保持朝向对手，同时它必须与目标保持在一条直线上。在形成习惯前，要不停地练习，以便在搏击健身训练中更进一步。

要想在入门时正确学习步法，就要确保自己已经掌握了准备姿势和防守姿势，这样才能有助于学习如何平稳地前进、后退和左右移动，进而确保动作的速度及其流畅性。

图6.5　向左移动

滑步

拳击手之所以滑步，是为了引导对手追击，让对手疲倦。滑步动作包括身体左右摇摆，膝略微弯曲，以及后脚产生推力向前滑动。滑步示例见图6.6。

图6.6　滑步

变换方向

如果能够改变拳击方向，就有更多的选择来进攻、反击、防守，从而使对手失去平衡、措手不及。只有掌握了绕轴转动，才能灵活变换方向。首先，将重心转移到前腿的脚掌，然后以后腿为轴进行圆周运动，身体的其余部分转向新目标。一般转向范围是15~45度。以绕轴转动来变换方向的示例见图6.7。

图6.7 以绕轴转动来变换方向

2-2-2-2模式

为了增加乐趣并快速燃烧热量，可以学习一些简单的搏击健身动作模式，以改善协调性和平衡感，让全身都充满活力。

滑步时，可以采用与前进后退和横向移动相同的技术，这样既能熟悉基本步法，又能加强平衡感。滑步之前，以小步伐自然地前后移动身体。膝关节略微弯曲，脚掌产生推力，双脚小步伐前后移动。熟练地转移重心，可以提高出拳的力量和准确性。

2-2-2-2训练模式如下。

➤ 向前滑动2步。

➤ 向后滑动2步。

➤ 向左滑动2步。

➤ 向右滑动2步。

慢慢开始2-2-2-2训练，确保掌握全面的搏击健身基础知识。每次40~60秒，重复3次；同时要专注于动作正确、确保重心的稳定，这样就可以高效地利用自己的身体。

姿势与步法训练

本节将介绍一些用于掌握姿势和步法的训练，以进一步提高速度、爆发力和敏捷性。

综合训练

综合训练是一种将步法、准备姿势和防守姿势巧妙地结合在一起的运动，同时可以提高心率并燃烧热量和脂肪，让身体更健康、更有活力。从直立的防守姿势开始，前后移动。记住，后脚发力滑动、前脚前进，前脚发力滑动、后脚后退。重复3分钟，休息一下，再重复3分钟。如果已经掌握了这种练习，那么恭喜你！如果需要额外练习，就再做几轮，直到掌握这组动作为止。

每当需要复习如何结合拳击基础知识，以及在准备姿势和防守姿势下练习综合步法时，都可以在主要训练阶段中使用综合训练，这样不仅可以改善步法，还可以强化腿部和臀部肌肉，绝对让人汗流浃背！

快速步法训练

　　快速步法训练的重点是让步法更快、更精确，从而改进横向移动技巧，增强下半身肌肉力量。在直立姿势下，双脚分开，与肩同宽，前脚向前迈出一步，双脚与肩呈一直线（见图6.8a）。后脚推动身体向前移动（见图6.8b），左脚推动身体向右移动（见图6.8c），然后右脚推动身体回到左侧（见图6.8d），重心从左脚移到右脚。重复5~10次。掌握整套动作之后，可以加大移动幅度。

图6.8　快速步法训练

躲闪滑步步法训练

躲闪滑步步法在上述滑步步法的基础上增加了躲避防御动作。因此,下半身(即腿部和臀部)肌群会更加吃力,最终让身体的这些部位得以塑形。执行躲闪动作的时候,以直立姿势开始,重心放在腿部和臀部,肩部高度降低30.5~35.6厘米。然后,向上发力,回到最初的直立姿势。躲闪滑步步法模式如下。

➤ 向前滑动两步-躲闪-向后滑动两步-躲闪。

➤ 向左滑动两步-躲闪-向右滑动两步-躲闪。

或者用以下模式替代。

➤ 向前滑动三步-向后滑动三步-向左滑动三步-向右滑动三步。

➤ 向前滑动两步-躲闪-向后滑动两步-躲闪。

➤ 向左滑动两步-躲闪-向右滑动两步-躲闪。

阶梯式训练

阶梯式训练可以提高敏捷性以及快速变换方向的能力。阶梯式训练也是一种加快步伐的方法,用于躲闪、力量、速度或团队运动。双脚在地面上,然后快速做阶梯步,每一步都要抬起膝关节(见图6.9)。这种训练有助于强化腿部肌肉,改善心肺机能。

图6.9 阶梯式训练

时钟式步法训练

时钟式步法训练包括两个方向变换的练习，不仅可以让你不断地练习脚部动作，还有助于提高注意力。思维专注会为身体和最终的体能水平带来更好的效果，这是此项训练的重点。一旦思维完全专注于训练，便会感觉身体轻松，从而快速地进行训练，燃烧更多的热量。

开始第一个练习的时候，请假想直径约10米的圆或钟面，从圆心开始，前方是12点钟方向。按照伙伴喊出的1~12的任意数字，冲刺到该时刻的位置，然后回到圆心。注意力要集中，关注喊出的时钟时间和需要前往的方向。回到圆心，伙伴才喊出数字，所以你并不知道下一步要去往哪里。

与第一个练习一样，在第二个练习中，请站在假想圆的圆心。但是，这一次要做拳击准备姿势（保持正常防守姿势），圆圈要小得多，直径约5米。当伙伴喊出一个数字时，朝对应方向进行一次滑步（始终保持拳击准备姿势），然后返回圆心，朝下一个喊出的数字对应的方向前进。如果能够正确进行这一练习，那么在整个回合中就会不停地运动。每次做1分钟，坚持做4次，慢慢构建坚实的基础；最多做4~6次，每次2分钟。

搏击健身终极姿势与步法训练

姿势和步法训练分为3个级别：初级姿势与步法训练、中级姿势与步法训练以及高级姿势与步法训练。

初级姿势与步法训练

图6.10中的初级姿势与步法训练，可以让你从一开始就为正确的准备姿势、防守姿势以及步法奠定坚实的基础。这一训练的重点是增强平衡感，通过有趣的步法训练燃烧热量，同时加强双腿力量以及改善姿势。如果能够轻松进行初级姿势与步法训练，就可以继续学习如何进行中级姿势与步法训练了。

热身	第5章中的初级热身、中级热身或高级热身
动作	前进后退1分钟，滑步1分钟
综合训练	综合训练3分钟，短暂休息后再做3分钟
快速步法训练	重复5次
阶梯式训练	2分钟
整理运动	腘绳肌与小腿拉伸（每条腿20~30秒），肩部拉伸（每侧20~30秒），仰卧膝触胸（每条腿20秒）

图6.10　初级姿势与步法训练

中级姿势与步法训练

图6.11中的中级姿势与步法训练时间更长，给身体带来的挑战也更大。

热身	第5章中的初级热身、中级热身或高级热身
动作	前进后退1分钟，滑步1.5分钟
综合训练	综合训练3分钟，短暂休息后再做3分钟
快速步法训练	重复7次
阶梯式训练	3分钟
整理运动	腘绳肌与小腿拉伸（每条腿20~30秒），肩部拉伸（每侧20~30秒），仰卧膝触胸（每条腿20秒）

图6.11　中级姿势与步法训练

高级姿势与步法训练

如果想把姿势和步法技术提升到最高水平，则图6.12中的高级姿势与步法训练非常适用。通过排汗量非常大的燃烧热量训练来增强体力，以掌握拳击运动所需的技能，从而100%地掌握步法和平衡。

热身	第5章中的初级热身、中级热身或高级热身
动作	前进后退1分钟，滑步1分钟
综合训练	综合训练3分钟，短暂休息后再做3分钟
快速步法训练	重复5次
移动训练	进行10次，休息5秒，再重复15次
阶梯式训练	3分钟
时钟式步法训练	4~6分钟
整理运动	腘绳肌与小腿拉伸（每条腿20~30秒），肩部拉伸（每侧20~30秒），仰卧膝触胸（每条腿20秒）

图6.12　高级姿势与步法训练

本章介绍了第1套拳击技术训练，并且现在已经完成了第1部分有趣的搏击健身技术学习，迈开了健身的第一步。需要强调的是，要想在搏击健身训练中取得良好的效果，首先要掌握正确的基础知识。例如，请练习和掌握准备姿势、防守姿势和步法，因为有了良好的开端，才能继续学习如何用拳击开启健康健身之路。

第7章

精准出拳

这一章会介绍一些简单而有效的出拳方法，你可以用这些方法来改善自己的身体状况。此前你已经学会了准备姿势、防守姿势和步法技术，以及确保安全的方法，以此为有趣的热身运动做好准备。现在你已经掌握了所有的手段和诀窍，因此需要学会怎样才能精准出拳，把握力量，让自己的技能和训练更上一层楼。

拳击运动中，只能通过出拳来攻击对手。那么什么是拳击？什么运动可以使拳击变得更有力？如何发展和提高拳击技能？这一章回答了这些问题，并提供了几种出拳技术的详细说明，例如刺拳、交叉拳、勾拳和上勾拳。本章将说明如何打出每一拳，如何使用特定的练习以掌握技术并应用于出拳过程，以及如何结合出拳创建一个超级有效的上半身日常训练方案。这一章既涵盖了基础的、简单的技术练习，也介绍了更高级、更具挑战性的技能训练。

出拳的基础知识

本书介绍刺拳、交叉拳、勾拳和上勾拳这4种主要的出拳方法。如果经常恰当地进行这些训练，身体会出现明显的改变，健康和体能也会发生积极的变化。一旦掌握了这4种主要的出拳方法，就可以将它们融入第8章介绍的全身训练中，以便将消除压力、燃烧热量的拳法组合与超快的步法技巧和训练融为一体。这将使身心达到一个更健康、更平衡的状态。

这4种拳法，每一种都有特定的用途、技术、好处，并会产生特定的效果。在比赛中，职业拳击手的目标是在恰当的时间使用每一拳来反击对手的攻击，并试图用正确的拳法攻击对手，以达到击倒对手或以运用好技术得分的目的。然而，在无接触的搏击健身计划中，刺拳是用来锻炼手臂肌肉的，交叉拳是用来提高躯干灵活性的，勾拳和上勾拳是用来增强上半身的力量和塑造线条的。每一拳都能提高特定肌群的力量、柔韧性和耐力，帮助你获得全面的训练效果。

在训练计划中，相对于使用力量来说，出拳更讲究技巧。这有助于将身体调整至正确的姿势和获得良好的位置，以产生有效的力量。因为一般来说，好的技术可以减少关节的磨损，并通过关节均匀地分散力量使技术始终保持连贯和正确。在进行出拳组合训练时，还必须记住以下几点。

✓ 记住，在初级阶段学习的基本技术，包括防守姿势和准备姿势，是练习复杂式出拳组合的重要基础。请在整个过程中不断练习这些动作，以发挥出出拳的力量。

✓ 记住，你的力量取决于你的运动平面。请确保身体姿势、手臂和腿的动作，以及背部、腿部和肩部的动作是正确的。

✓ 每次开始练习的时候，请采用缓慢的动作模式。

✓ 在两拳之间保持正确的准备姿势。

以下是一些常规的出拳原理的细节和技巧，包括出直拳时如何产生力量，如何加快出拳频率，以及出拳之后会产生什么效果。

✓ 出拳的力量来自脚掌，当身体的躯干部分围绕身体的中心轴旋转时，能量通过核心传递。保持手臂放松，向目标出拳。如果是交叉拳或刺拳，则以直线的方式向目标挥出拳头；如果是勾拳，则以弧形的方式出拳；如果是上勾拳，则从防守位置向上进攻。

保持手臂放松是很重要的。先将手臂放在身体两侧，放松，然后把手举起来。保持放松的感觉，同时逐渐提高出拳速度。别忘了要时刻保持警惕！

✓ 手臂保持放松，并传递来自身体的力量。

✓ 出拳后，拳头沿着出拳的路线收回到防守姿势时的位置。

✓ 未出拳的手自始至终都要保持与防守姿势下的手一样的姿势。

为出拳做的准备

出拳的准确性与安全性将会让你在训练期间保持安全，而且可以最大限度地提高组合拳的精准性。本节将讨论在学习各种出拳技术之前要记住的一些要点。

将身体看作一个整体

将身体看作一个整体是基础。在训练过程中保持身体放松，可以避免过快地做一些身体无法承受的不自然的动作。虽然我们在这本书中讨论了单一的身体部分，但在运用拳击技术时，整个身体必须同步，以便在训练时使用自然的动作来改善时机掌控、速度和准确性。

出拳时，确保所有的动作都从地面开始。能量会从双脚的位置发出，向上通过髋部和肩部进入指关节并到达目标。身体是一个系统，当一个部分开始运动后，能量会自然地流向不同的部分，产生能量效应，从而产生更多的运动。这种流畅的自然运动会使拳击表现更好，出拳更坚实。

这一章将帮助你在打拳和做拳击动作时适应身体的自然动作。掌握了如何将重心从一边转移到另一边，你就会发现，只有将整个身体投入出拳才能给自己的拳击表现加分。在这种方式下，可以运用全身来调节和塑造身体的各个部位，增加肌肉力量和提高关节的灵活性。

用全身重量出拳

拳击的主要目标之一是用全身重量击倒对手。花点时间去了解如何正确地运用动作和把握时机，这将有助于你对本书中其他动作的学习。

保持身体放松

出拳之前，先深吸一口气。在学习这些出拳和练习高速组合拳时，可能会有点紧张，特别是刚接触搏击健身训练的时候。慢慢来，多呼吸几次，放松全身。

为了让身体放松，请在正确的状态下挥拳，试试摆动手臂。放松手臂，让它们垂在身体两侧，放松膝关节，使身体70％的重量集中在脚掌上。从一边摆到另一边，让手臂自由摆动。不要刻意控制手臂，熟悉这个动作，先用一只脚向前推，再用另一只脚推，请注意躯干是如何左右转动的，以及髋部、躯干和手臂是如何自然摆动的。请在1分钟内持续练习这些动作。开始挥拳的时候，会感觉自己做不好，这种训练方式也能让手臂、肩膀和躯干热身。

任何时候，如果因这些技术感到不知所措，请暂停1分钟，重新集中注意力，回到已经掌握的技术上。例如，如果很难掌握正确的打拳技术，那就先暂停1分钟，然后练习准备姿势和防守姿势。当理清思路，感觉自己准备好了，请重拾出拳技术，一步一步来，慢慢地完成每一步。

学习基础知识

学习出拳的时候，首先要学习基础知识，确保自己对出拳的技巧了如指掌。运用正确的防守姿势、准备姿势和出拳技术可以提高肌肉耐力和整体体能水平。正确的出拳可以锻炼手腕、肘部和肩部等周围的肌肉，从而改善姿势，强化胸腔和脊柱周围的肌肉。正确的出拳不仅能增加训练的强度，还能增加健身的乐趣。

出拳三部曲

为了给出拳增加一点优势，提高出拳的速度和精确度，请遵循以下提示。

1. 出拳的时候，请用鼻子而不是嘴巴呼吸。用鼻子呼吸可以加大出拳的力度。

2. 出拳的时候，请呼气，当收回手臂并恢复防守姿势时，请吸气。出拳时呼气加大了出拳的力度，收拳时吸气则补充了氧气供应。

3. 时刻运用自由臂——没有挥拳的手臂来保护头部或其他部位。

开始的时候，请了解如何正确地打出每一拳，以及如何将其集成到一个简单的拳击组合当中。这一章将说明如何正确而安全地打出4种重要的拳法。

注意休息

在这一章中学习各种技巧和练习时，一定要记住，学习新技术的休息时间十分重要。挥拳猛击时，请停下来思考一下自己的感受，问问自己拳有多准，指关节是否有足够的速度和力量击中目标。然后想想下次再打出相同的一击或组合拳时，如何改进。只有这样，才能掌握一种新的出拳技术。

熟能生巧

如果想把基本功练好，请掌握拳击组合训练，了解这个训练给身体和情感带来的好处，全力以赴地投入学习和练习，直到自己能在梦中执行这些技术为止。不要害羞，如果想在一次锻炼后感觉良好、看起来很棒，那就尽情挥动拳头和挥洒汗水。

同时，不要想得太多。一旦一步一步地尝试了这些技术，就要以慢动作重复几次。掌握诀窍之后，加快出拳速度。当动作越来越连贯，就不必有意识地思考每一步如何正确地挥拳，你的信心会增强，并开始效率更高地挥出拳头。刚开始使用新技术时要有耐心，并集中精力。确保完全正确且反复地练习，直到掌握了为止。到那个时候，就可以毫不费力地挥刺拳、交叉拳、勾拳和上勾拳了。

确保安全

为了保护手腕、肩部和脊柱，在出拳之前要采取正确的准备姿势和防守姿势。出拳时，这样做可以保护身体。例如，想要旋转并打出交叉拳时，保持正确的准备姿势可以降低脊椎受伤的风险。记住，要从地面开始执行动作，使用正确的准备姿势、防守姿势和出拳技术，并且在向目标出拳时要注意精准性。

出拳方法

本节将介绍本章末尾训练计划中使用的拳法，这些训练都会帮助燃烧热量。让我们开始吧！

刺拳

施展刺拳的时候，如果左脚占主导地位，就用左臂打出刺拳；如果右脚占主导地位，就用右臂打出刺拳。在拳击运动中，刺拳是一种快速且具有爆发力的拳击手法，主要用于分散对手的注意力、保持距离、建立组合拳和防守对手的攻击。此外，它还可以用来增强攻击力，让对手猜测攻击的动向。可以这样说，一个不懂刺拳的拳击手和一个不会运球的篮球运动员是一样的。

在拳击运动中，就像任何其他运动或活动一样，要从基础开始，循序渐进地提高自己的出拳水平。扎实的刺拳是良好拳击技术的基础，这将使你获得很好的体形。能够正确使用刺拳技术后，就可以练习更复杂的拳法，最终提高体能水平。

如果惯用右手，要打出刺拳，需从中级防守姿势和站立准备姿势开始（见图7.1a）。把下巴放低以免头抬得太高。下压并扭转左脚，开始运动。使用主导手，在完全伸展手臂之前螺旋状扭转手臂。这意味着在向前挥拳的过程中，前臂需在最后四分之一的动作中旋转，这样在完成挥拳时掌心就能够朝向地板（见图7.1b）。在接触点位置时，确保肘部放松，肩膀放松。前臂的旋转将提供有力的出拳。不出拳的手始终处于防守状态。接触目标后，迅速回到起始姿势。

图7.1　刺拳

多重刺拳

在拳击中，刺拳还是一种很好的防守拳。从健身角度来看，多重刺拳是一个很好的组合拳，能够提高肩部肌肉的力量和耐力。如果不是职业拳击手，那么在一次交叉拳中打出3次刺拳有助于增强较弱手臂的力量。它能增强耐力和力量，给手臂的神经通路和运动技能注入能量。用较弱的那只手臂打出3次刺拳，每次倾向于较弱的手臂出拳，这样大脑就会通过神经向较弱的手臂发送信号，使其更加活跃。因此，你可能会发现，用较弱的手臂进行日常活动（如拎购物袋）会容易得多。较弱的手臂的力量得到强化后，身体的平衡也将得到改善。

为了打出多重刺拳，先从准备姿势和中级防守姿势开始练习。开始打出刺拳，逐渐提高速度。集中精力打出干净利落的一拳，结束后回到准备姿势和防守姿势，等待2秒，然后再次挥拳。

注意，不出拳的手始终处于防守状态。试着一次打3遍刺拳，然后以更快的速度再打3次，最后，试着在相同的时间内击打5次（在搏击健身训练中，这种3-3-5的顺序是一个典型的重复训练方法）。在有信心使用正确的出拳技术之前，请按照这里的规定练习多重刺拳。

刺拳旋转

刺拳旋转不仅能增强前臂和肱三头肌的耐力，还能加强肘关节和肩关节的稳定性。从中级防守姿势和站立准备姿势开始，尝试施展一个旋转的刺拳技术；力量从脚掌发出，旋转，穿过髋部，到达肩部和拳头，如图7.2所示。这是一个动作模式，当身体围绕中心轴旋转时，能量会从地面向上传递。打出刺拳时，你应该能从这个旋转或是"啪"的一声中感受到出拳的爆发力。试着感觉你的肩部被打了一拳。还记得小时候用毛巾与朋友打闹吗？刺拳就像那条毛巾。永远记住，目标只有一个，即打出一记快速、直接且精准的刺拳。

图7.2　刺拳旋转

不同高度的刺拳

不同高度的刺拳包括高、中、低3种打法，能够锻炼臀大肌、腘绳肌和股四头肌，提高身体的协调性。不同高度的刺拳示例见图7.3。

图7.3 不同高度的刺拳

交叉拳

交叉拳是用后侧手直接打出的拳。它是一种有力的拳法：拳头在身体和主导手臂前面交叉；力量是通过髋部的旋转产生的，而后脚与身体成45度。

在职业拳击界，许多拳击手都用交叉拳来反击刺拳，瞄准对手的头部，或是瞄准对方的其他部位，或是作为组合。在搏击健身训练以及非常传统、经典的拳式组合中，交叉拳也可以像刺拳那样，形成简单的"1−2组合"（1代表交叉拳，2代表刺拳）。与刺拳相比，交叉拳产生的爆发力更大，因为手移动的距离更远，因此在触及目标的过程中会产生更快的速度和更大的动量。后腿所处的位置使其很容易从地面产生推力，并将更多的能量传递到拳击上，这就产生了更高的速度、更大的力量和爆发力。

如果惯用右手，要打出交叉拳，就得从中级防守姿势和站立准备姿势开始（见图7.4a），应该将70%的体重集中在脚掌上。后脚像往常一样与身体成45度。肩部与目标呈一条直线，以便保护右侧下巴。拳头放在下巴下面，因为手臂应该从下巴的位置开始运动。从下巴开始挥出后方的手，越过身体，将手臂直接从脸部的位置向目标直线推进（见图7.4b），然后回到中级防守姿势（见图7.4c）。在整套动作中，左手始终保持中级防守姿势。

图7.4　交叉拳

冲击拳

　　处于站立准备姿势和中级防守姿势的时候，注意保持脚下的三角基底。连续出拳时，围绕身体的中心轴连续旋转。身体，尤其是肩部，应该处于放松状态，不要把拳头攥得太紧。力量从地面向上传递，以确保髋部能够适当地围绕身体的中心轴旋转。记住，不出拳的手处于防守姿势，以保护下巴，并保持肘部紧贴肋骨。

　　如果可能，站在镜子前，距离至少25厘米，瞄准镜子中自己的下巴，用刺拳和交叉拳直接击打下巴的中央，用勾拳击打两边。

➤ 第1轮：刺拳–交叉拳。

➤ 第2轮：刺拳–交叉拳–勾拳–交叉拳（使用前方手臂打出勾拳）。

➤ 第3轮：刺拳–交叉拳–下潜躲闪–勾拳–勾拳。

单交叉拳的技术重点

　　对着镜子，把注意力集中于下巴的中央（如果没有镜子，可以用一块胶带在墙上做标记）。现在，将力量从后脚向上传递到大腿，围绕身体的中心轴旋转髋部、躯干和肩部，瞄准前两个指关节的中心，使其与下巴中央对齐（与镜子旦的镜像或墙上的胶带对齐）。请特别注意出拳动作的准确性。慢慢开始，出拳技术逐渐娴熟之后，提高速度。图7.5给出了单交叉拳的技术重点示例。

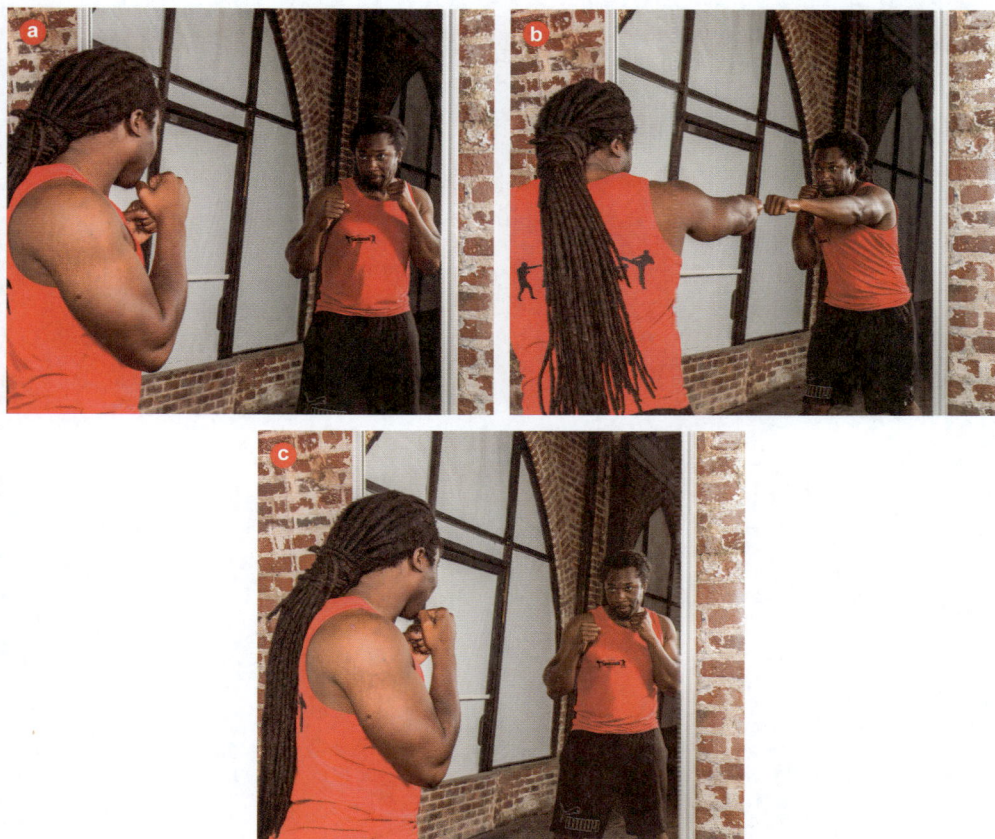

图7.5　单交叉拳的技术重点

对着镜子练拳击

对着镜子和隔空打拳训练能够让肌肉为锻炼做好准备的同时，专注于当前，进而以更好的状态投入到以拳击为基础的训练中。此外，它们也可以根据强度来训练心肺能力。使用镜子可以检查自己是否使用了正确的技巧，并做出必要的调整。

在镜子上固定一些胶带，以标记一些关键点，比如中心轴和肘部的位置。也可以在一个特定的目标上画十字，比如在下巴的中央，来辅助练习正确的技术。

1. 找一个焦点，然后瞄准这个焦点。打拳期间，要在一个假想的点上挥拳。

2. 想象一个目标（例如一个袋子、垫子或任何目标物上的一个特定的点）。

3. 瞄准食指和中指的指关节中心，以击中所选择的目标。

4. 在一段时间内，专注于同一目标并适应它，以提高精准度。

如果有一面镜子，不要站得离镜子太近，以免接触到镜子。出拳的时候，注意两个指关节（食指和中指的指关节）。不要忘记在出拳时呼气，收拳时吸气。这种对镜训练可以改善手眼的协调性和精准度。

以速度与爆发力为重点的交叉拳

练习这个动作的时候，面对镜子，把注意力集中于下巴的中央（没有镜子的话，可以用胶带在墙上做个标记）。现在，将力量从后脚向上传递至大腿，围绕身体的中心轴旋转髋部、躯干和肩部，瞄准前两个指关节的中心，使其与镜子里下巴的中央对齐（或与墙上的胶带对齐）。用最大的力量打出3记交叉拳，然后休息5秒，检查并调整自己的技术与准备姿势。

头部与身体的交叉组合

再一次面对镜子，把注意力集中在下巴的中央。如果没有镜子，用胶带在墙上标出这些高度。现在，将力量从后脚向上传递至大腿，围绕身体的中心轴旋转髋部、躯干和肩部，瞄准前两个指关节的中心，使其与下巴的中央对齐。迅速降低身体重心，使肩部与目标对准，向目标打出交叉拳，然后回到中级防守姿势和站立准备姿势。

刺拳－交叉拳组合

现在你已经学会了如何打出真正的刺拳和有效的交叉拳，准备好用出拳组合来测试自己的技术，并再次加以练习。从刺拳开始，回到中级防守姿势和站立准备姿势，然后打出交叉拳，最后回到中级防守姿势和站立准备姿势。重复3遍，每轮休息5秒。然后再进行3次组合练习，再休息5秒，接着进行5次组合练习。

用4种方法增加出拳的爆发力

如需增加出拳的爆发力，请考虑以下4个简单却非常有效的方法。

1. **不要用手臂发力出拳。**大多数新手和未经训练的拳击手都依靠手臂力量来出拳，这意味着他们需要靠手臂来击打，而不是运用躯干和腿部的力量。他们不是用腿、背和核心肌肉来增加出拳的爆发力和力量，而是依靠相对较弱的肩部和肱三头肌来出拳。为了增加出拳时的爆发力，请避免靠手臂来出拳。

2. **转移体重。**将一定比例的身体重量从一只脚转移到另一只脚，以便为出拳增加额外的优势和爆发力。简单地说，让身体重量随着拳头移动！练习将重量在从一只脚转移到另一只脚的同时出拳，这样可以提高连贯出拳的能力，从而继续练习令人兴奋的拳击组合。

3. **跟步出拳。**在迈步的同时出拳是增加出拳力量的简单方法。

4. **旋转出拳。**旋转可以大大加强击打时的力度。从没有负重的脚先开始旋转运动，然后逐渐带动整个身体。这会让更多的身体重量转移到拳击中，从而大大增加爆发力。

勾拳

在拳击比赛中，勾拳是一种具有击倒性力量的有力拳法。施展该拳法的时候，需要将身体转向对手头部的一侧。运动员需通过转动核心肌肉和背部，以及摆动手臂来打出该拳法。手臂弯曲的角度接近90度，呈水平弧形朝向对手，既可以对准头部，也可以对准身体的其他部位。勾拳包括了左勾拳和右勾拳。在搏击健身训练中，要用主导手打出勾拳。

勾拳还可以分为短勾拳、中勾拳和长勾拳，其选择取决于与对手或目标的距离。打出勾拳时，需同时确保精准度与速度——短勾拳快速、直接，出拳效果最佳。在拳击比赛中，打出勾拳的最佳时机通常是在右交叉拳之后。这在传统的刺拳、右交叉拳、左勾拳的组合中也有所反映，这一组合也用于搏击健身训练当中。因为右手出击后，你将处于一个完美的位置，更容易打出一记有效的左勾拳。

要完成右勾拳，需先从站立准备姿势和中级防守姿势开始。身体突然转动，把身体重心移到后面，这样躯干就会随着击打的方向旋转。首先转动髋部，接着手臂朝向击打的目标。出左勾拳的时候，左臂应从外侧挥向内侧；出右勾拳的时候，右臂也应从外侧挥向内侧。记住，挥拳的时候，要让下巴靠近肩部，并且眼睛盯着目标。出勾拳的时候，始终确保手掌朝内而不是朝向地板，这种姿势更安全，降低了手腕受伤的风险。水平地向目标挥舞拳头，掌心朝内。用前两个指关节来连接目标。图7.6给出了勾拳示例。

　　旋转增加了勾拳的力量。然而，这一拳的关键在于手臂的正确摆动方式。将拳头向目标推进的时候，手臂应该大约弯曲90度，应该把重心转移到后脚上，使出拳力量达到最大的同时，更精准，速度更快。

图7.6　勾拳

单勾拳

首先，采取站立准备姿势和中级防守姿势，双脚与肩同宽。前脚自然地向前迈一步，后脚向外旋转45度（此时，双脚与背部形成了一个三角形），弯曲膝关节。把手举过头顶，将拇指攥紧，握拳。肘部下沉以保护肋骨，拳头与下巴呈一条直线，掌心朝内。髋部微微前倾，将身体70%的重量集中在脚掌上。主导脚的力量通过腿部和髋部的枢轴运动向上传递，同时抬高出拳手的肘部。打出3记单勾拳，然后休息5秒，再次检查出拳技术。检查双脚是否处于正确的三角姿势，肘部弯曲90度，移动髋部。然后再打出3记单勾拳，休息5秒，再次检查出拳技术。现在用左手再打出5记单勾拳，然后换到右手。图7.7给出了单勾拳的示例。

图7.7 单勾拳

旋转勾拳

为了练习和完善勾拳，首先将双肘抬高到与身体成90度，握紧拳头。指关节在下巴前面接触，开始围绕中心轴旋转，同时腿部、髋部和肩部进行枢轴运动，从而将力量由主导脚向上传递。图7.8给出了旋转勾拳的示例。

图7.8　旋转勾拳

四拳式勾拳组合

以站立准备姿势和中级防守姿势开始，打出四拳式勾拳组合：前勾拳、后勾拳、前勾拳、后勾拳。需要再次说明的是，当围绕身体中心旋转髋部和肩部时，请注意相应的圆周运动。确保不出拳的手保持防守姿势。图7.9给出了四拳式勾拳组合的示例。

图7.9 四拳式勾拳组合

想象一个点

为了打出更快、更有力的拳法，尝试一下想象练习。

1. 在开始想象练习时，确保自己处于一个放松的状态，营造舒适而温暖的感觉。想象自己非常专注且有动力去采取行动（例如在进行一项体育活动或一项竞赛时）。回想一下当时看到的画面，任何可能与这些画面相关的声音，以及自己当时的感受。然后把注意力集中于面前的拳击靶上一个特定的点（通常选择中心点），然后向该点的任何一边打出组合拳。如果缺少物理目标，请简单地想象一个，然后瞄准选择的点（例如一个想象的点或垫子、包上的补丁）。你也可以将墙上的一个点视作目标。始终与物理目标保持安全距离，以避免手腕或拳头受伤。

2. 想象每次出拳都用两个指关节完美地击中那个点。

3. 向目标出拳时，请确保自己是放松的，处于一个自然舒适的位置，髋部微微向前倾斜，膝关节放松。

多做几次这样的想象技术训练，然后真正进入组合拳的练习。根据自己的体能水平练习2~5分钟。

上勾拳

　　上勾拳常被称赞为一种针对对手下巴的绝妙击倒拳。虽然大多数的拳法都能产生很大的爆发力，但是交叉拳和上勾拳通常被认为是爆发性很强的拳法，因为膝关节的下沉及其轻微的弯曲能够产生力量。通常，上勾动作从胸部下方开始，其间手能够以快速的钩状动作击向对手的面部。在传统拳击中，上勾拳通常在刺拳后打出，但是在任何拳击组合开始或结束时，都可以施展该拳法。任何一只手都可以打出上勾拳。拳击手可以根据与对手的距离来选择短上勾拳、中上勾拳和长上勾拳。搏击健身训练主要采用长上勾拳，以增加安全性，降低受伤的风险。

　　在职业拳击中，近距离的上勾拳最为有效，因为在近距离打出上勾拳时会对对手（任何拳击手的目标）造成最大的伤害。一个拳击手如果从太远的地方打出一记上勾拳，很可能会错过对手的下巴。此外，远处的对手可能会对此有所察觉，因此对手或许有机会用直拳反击。上勾拳可以锻炼更多的身体部位，加强手臂的肌肉力量，让锻炼更有趣。

　　要想用主导手完成上勾拳，得先从站立准备姿势和中级防守姿势开始。双臂紧贴身体，后侧手在下巴处以保护头部。双脚与肩同宽，主导脚向前迈一步，保持双脚与肩平行（见图 7.10a）。现在髋部稍微向前倾斜，弯曲膝关节，使身体微微下沉（见图 7.10b）。眼睛始终盯着目标，向前旋转髋部，后侧脚向上推，以便让身体向内旋转之后向上推，同时左拳向上击打目标（见图 7.10c 至 7.10d）。右臂始终紧贴身体。在出拳过程中，拳头以"U"形移动，在到达"U"形的顶部时，释放拳头的力量。在过程中，确保背部左侧和左肩跟随髋部旋转。最后，回到防守姿势。

图 7.10　上勾拳

螺旋拳（钻拳）

让身体重心落到大腿和臀部，螺旋状地从地板向上运动，旋转髋部和躯干，双手保持防守姿势。这个练习旨在创造最大的力量，并使之贯穿全身。图7.11给出了螺旋拳示例。

图7.11　螺旋拳

上勾拳训练

让身体重心落到大腿和臀部，螺旋状地从地板向上运动，转动髋部和躯干，保持双手处于防守姿势。遵循相关指导来安全又准确地打出上勾拳。这一次打出上勾拳时，转动手腕，让手掌面向自己，朝目标挥起拳头，直到距离目标2.5~5厘米为止。图7.12给出了上勾拳训练的示例。

图7.12 上勾拳训练示例

4记上勾拳

让身体重心落到大腿和臀部，螺旋状地从地板向上运动，转动髋部和躯干，保持双手处于防守姿势。遵循螺旋拳训练的步骤，这一次增加4记上勾拳，让手掌面向自己，朝目标挥起拳头，直到距离目标2.5~5厘米为止。图7.13给出了4记上勾拳的示例。

图7.13　4记上勾拳

其他出拳技术训练

蹲拳

　　这种深蹲的拳法可以加强腿部和臀部的力量，同时促进新陈代谢。开始时保持站立准备姿势和中级防守姿势。膝关节弯曲，使身体的重心下沉（见图7.14a）。从脚掌向上发力并打出一拳或组合拳（见图7.14b）。

图7.14　蹲拳

蹲跳滑步

　　蹲跳滑步能够锻炼反应能力，测试技能。请记住在初级和中级锻炼中掌握的2-2-2-2模式的步法。

　　在每个动作结束时，先进行滑步练习，然后进行刺拳-交叉拳-刺拳-交叉拳组合训练，接着进行蹲拳练习（见图7.14），这样就可以执行以下模式。

➤ 2次向前滑步训练，1次刺拳-交叉拳-刺拳-交叉拳组合和蹲拳训练。

➤ 2次向后滑步训练，1次刺拳-交叉拳-刺拳-交叉拳组合和蹲拳训练。

➤ 2次向左滑步训练，1次刺拳-交叉拳-刺拳-交叉拳组合和蹲拳训练。

➤ 2次向右滑步训练，1次刺拳-交叉拳-刺拳-交叉拳组合和蹲拳训练。

记住要专注于正确的动作，这样才能有效地利用自己的身体！

搏击健身上半身终极训练

现在已经学习了打出4种主要拳法的技术和手段，请尝试通过图7.15中所示的组合来进行上半身的训练。

每组打20下，进行3组，组间休息1分钟。

热身	进行第5章所介绍的初级热身、中级热身或高级热身		
	次数	组数	休息时间（分钟）
右刺拳	20	3	1
左勾拳	20	3	1
左刺拳	20	3	1
右上勾拳	20	3	1
左勾拳	20	3	1
右交叉拳	20	3	1
整理运动	腘绳肌与小腿拉伸（每条腿20~30秒），肩部拉伸（每侧20~30秒），仰卧膝触胸（每条腿20秒）		

图7.15 上半身终极训练

现在已经熟悉了拳击的主要4种拳法，你很快就能掌握它们，并能将它们融入一个有效的上半身训练计划中。无论是想减肥、健身、变得更强壮、变得更灵活，还是仅仅为了享受拳击的乐趣而进行拳击体能训练，都会离目标越来越近。第8章将探讨如何在移动中挥出厉害的拳头。

第8章

全身训练

　　在这一章中，你将融合从第1章到第7章的搏击健身训练中获得的技能。你会学习有趣的方法，将快速地把步法训练与各种高级拳法结合起来。我们旨在提供各种各样的技术，这样就可以创建一项适合自身要求和能力水平的全身训练，并帮助自己达到体能和健康目标。这里概述的锻炼和拳法组合将提高耐力，促进更快、更专注地运动。你将进一步完善步法技能，提高拳击技术，并学习如何结合这两个要素，让自己更加轻松和有信心。

　　在了解了全身训练的含义之后，你将要学习如何为这种类型的高强度训练和手段做准备，并应用这些手段为自己的身心获取最大的好处。另外，以第6章讨论的步法为基础，在挥出拳头的同时，整合动态的横向运动，发展更高级的步法技术。这一章的最后提供了从初级到高级的搏击健身全身训练计划，从中选择一项适合自己的开始训练吧。

什么是全身训练

　　在搏击健身训练中，全身训练指的是在消耗热量的上半身和下半身锻炼中，利用所有主要肌群进行的训练，包括向前、向后和左右两侧的动作，以及拳击组合。身体将从各个方面受益，例如强化手臂、腿部和肩部，以及从内到外锻炼腹部和臀部。全身训练可以燃烧大量的热量，提高心率，改善心肺机能。以下内容概述了全身训练的好处。

提高体能水平

全身训练能够非常有效地提高力量和柔韧性，同时微调你的运动和拳击技术。这本书中介绍的全身训练结合了拳击健身技巧，将整个身体整合成一个功能单元，让你释放压力，提高注意力和增强整体幸福感。

减少压力

搏击健身中全身训练通过刺激来缓解整个身体的压力，为大脑提供非常大的好处。任何类型的安全运动都会帮助你将注意力从那些紧张或担心的事情中分离出来。当注意力集中在手头的事情上时，压力水平就会降低，身体也会更健康。

为身体注入活力

在日常锻炼中结合步法和拳击练习将改善自我感觉。你会发现，自己有更多的能量，感觉更好、更健康。当你打出组合拳的同时，四处移动，这也会提高心率，给自

步法复习

在开始学习本章介绍的全身训练之前，请确保有信心应用在第6章中学习的步法，并能够以快速、利索的动作进行步法练习。下面是一个关于步法的小回顾，它可以让你回忆起要记住的主要事情（有关更多详细信息，请见第6章）。

➤ 确保70%的体重都在脚掌上。
➤ 在地板上轻轻接触，做一个短暂的滑动动作，然后加速运动，同时尽量减少上身的运动。体重应该均衡地分摊于双腿上，直至触碰到目标。
➤ 髋部略微向前倾斜5厘米左右。
➤ 向前移动的时候，推动力来自后脚。前脚先动，后脚跟着动。
➤ 向后移动的时候，后脚先移动，前脚跟随移动相同的距离。
➤ 不要跨大步。双腿之间保持适当的距离。

己的身体带来新鲜的氧气并激活参与的肌肉。

全身训练

现在是时候将最后几章中学到的技巧结合到全身训练中了。然而，在这样做之前，要确保自己已经掌握了高质量的准备姿势和防守姿势。此外，你需要完全掌握拳击和组合拳的技术，这样就可以很容易地将它们融入全身训练计划中。第7章介绍了所有的拳法技巧及其各种组合，如果需要加深自己的记忆并多练习一些，现在是时候了。一旦对所有的技术都有信心，那么就可以开始行动了。

侧向拉伸只是为了让身体向前、向后和侧向移动而预先做的准备。为此，双脚分开与肩同宽站立。手臂放在头上，通过指尖向上伸展拉长整个身体。保持腹部肌肉收紧，胸部挺直打开。现在向左拉伸，拉长身体的右侧，你应该能感觉到肋骨和背部的伸展。当你起身时，吸气。然后向右拉伸，拉长身体的左侧。两种姿势分别保持30秒。

记住，向前和向后移动时，前脚负责向前的运动，后脚负责向后的运动。所以，向前运动时，用对侧的脚发力，比如用后脚推地板。

移动和转换

这项运动主要通过平稳地滑动双脚和转移身体重量来前后移动。它将帮助你移动得更快、更有力，同时锻炼腿部肌肉，使臀部更紧致。

以站立准备姿势开始（见图8.1a）。在向前移动一步的时候，保持上半身处于防守姿势，先移动前腿，然后后腿跟上。向前迈步时，将后脚往后推，并向前滑动（见图8.1b）。下蹲几厘米，稍微弯曲膝关节，将身体重心移向后腿。重复上述动作5次，然后向后做同样的动作。向2个方向重复这项练习3次，每次重复过后，都需要加快腿部的速度。

练习这个动作时，想象一下在每一步之后都用直拳猛击，但是实际上并没有挥拳猛击。练习这个动作不要真的挥拳，这样可以让你专注于自己的步法，能够专注地、利索地、流畅且快速地向前和向后移动。这也将提高你在移动时保持平衡的能力。

图8.1 向前移动和转换

两侧移动

两侧移动能够很好地改善步法和平衡性，加快双脚的移动速度，最终会让人出汗，燃烧更多的热量。以直立准备姿势开始（见图8.2a）。保持这个姿势，同时向左移动一步，先移动前腿，然后移动后腿（见图8.2b）。在这期间，后脚推地面，将前脚向左滑动。向前移动时，请将体重转移到后腿上，并推动后脚向前滑动。记住，向右移动时，左脚向外侧推，先移动右脚，然后左脚移动相同的距离。向左移动的时候，右脚向外侧推，先移动左脚，然后右脚移动相同的距离。在每一步之后，按照第7章中介绍的技术，打出一个刺拳－交叉拳－刺拳－交叉拳组合。移动的时候，一定要把视线集中在需要击打的目标上。

随着自己对横向移动的信心的增加，你可以加快双腿的移动速度。一定要确保较高的动作质量，这样才能够平稳和快速地移动。

图8.2 两侧移动

15分钟快速全身训练

15分钟快速全身训练有3个关键要素：热身、主要阶段和整理运动。在尝试之前，请确保已经掌握第6章介绍的姿势和步法技术，以及第7章介绍的出拳技术。这不仅能够确保安全，还能确保从锻炼中得到充分的好处。

以下是3种15分钟的快速全身训练：初级、中级和高级。

初级15分钟快速全身训练

图8.3中所示的初级15分钟快速全身训练为中级和高级训练提供了坚实的基础。这种短时间的训练可以锻炼身体，增强身体素质，同时加深你对自己身体和自然动作模式的认识。

热身	进行第5章所介绍的初级热身、中级热身或高级热身			
主要阶段	准备姿势和防守姿势：直立准备姿势和防守姿势，保持5秒，休息2秒，重复5次。移动：直立准备姿势，前后、左右移动5次，每个动作重复3次	刺拳-交叉拳组合（刺拳×5，交叉拳×5，共5组；组间休息5秒）	2-2-2-2模式：2次向前滑步，2次向后滑步，2次向左滑步，2次向右滑步（见第6章）	刺拳-交叉拳-躲闪组合：2次向前滑步，刺拳-交叉拳-躲闪，2次向后滑步，刺拳-交叉拳-躲闪，2次向左滑步，刺拳-交叉拳-躲闪，2次向右滑步，刺拳-交叉拳-躲闪
整理运动	腘绳肌与小腿拉伸（每条腿20~30秒），肩部拉伸（每侧20~30秒），仰卧膝触胸（每条腿20秒）			

图8.3 初级15分钟快速全身训练

中级15分钟快速全身训练

图8.4中的中级15分钟快速全身训练能让你进行比初级训练更具挑战性的平衡性、协调性、力量和耐力练习，将技能提升到高一级水平。

热身	进行第5章所介绍的初级热身、中级热身或高级热身			
主要阶段	准备姿势和防守姿势：直立准备姿势和防守姿势，保持5秒，休息2秒，重复5次；保持中级防守姿势，前后和左右分别移动5次，每个动作重复3次	刺拳-交叉拳组合（刺拳-交叉拳×3，每组60秒，组间休息15秒）	2-2-2-2模式：2次向前滑步，2次向后滑步，2次向左滑步，2次向右滑步（3组，每组60秒，组间休息15秒）（见第6章）	30-30出拳：刺拳-交叉拳组合，每组30秒，组间休息30秒，重复3组
整理运动	腘绳肌与小腿拉伸（每条腿20~30秒），肩部拉伸（每侧20~30秒），仰卧膝触胸（每条腿20秒）			

图8.4　中级15分钟快速全身训练

高级15分钟快速全身训练

图8.5中的高级15分钟快速全身训练提供了一种快节奏的训练，结合了更复杂、更有益的技巧、技能和训练，使身心专注于每个特定的领域，以发挥最大的潜能和获得惊人的整体效果。结合速度、爆发力、力量和耐力，这种高级训练会让人看起来更健康，身心状态更佳。

热身	进行第5章所介绍的初级热身、中级热身或高级热身			
主要阶段	蹲拳（3组，每组60秒，组间休息15~20秒）	旋转跳跃拳（3组，每组60秒，组间休息15秒）	2-2-2-2模式：2次向前滑步，2次向后滑步，2次向左滑步，2次向右滑步（3组，每组60秒，组间休息15秒）（见第6章）	蹲跳滑步（3组，每组60秒，组间休息20秒）
整理运动	腘绳肌与小腿拉伸（每条腿20~30秒），肩部拉伸（每侧20~30秒），仰卧膝触胸（每条腿20秒）			

图8.5　高级15分钟快速全身训练

现在，可以将步法和出拳组合结合起来，并学习了改善拳击表现所需要的所有技巧，是时候进入本书的最后一部分了：将所有的技巧结合在一起。

第9章

柔韧性

你可能已经开始了搏击健身计划，并变得更健康、更苗条，或者体形得到了改善，身体状态得到了调整。在这一点上你可能已经开始看到一些成效。然而，不仅要改变自身的看法和他人的评价，还要改善自己内心的感受，更好的柔韧性会带来奇迹。一个放松、轻快或舒适的身体状态会让你从内到外地感到快乐。这一章将探讨如何提高柔韧性，以提高运动的效率，使我们在各个方向上轻松地移动。拥有更好的柔韧性之后，不仅可以提高体能水平，还可以燃烧更多的热量，塑造体形，使我们拥有一个真正能完全击倒对手的体魄。让我们先来看看什么是柔韧性以及柔韧性的类型。

什么是柔韧性

在进行一个具体的练习时，不论有没有器械或搭档，你的柔韧性都是由一个或多个关节的活动度（range of movement，ROM）决定的。

柔韧性水平受多种内部因素的影响，例如关节的类型（例如，肩、背部或髋部区域），关节的内部移动阻力，关节周围的骨骼结构，肌肉组织、肌腱、韧带或关节周围皮肤的弹性，关节的温度（当这些结构温度较高时，身体通常更为柔韧）。影响柔韧性的外部因素包括训练部位的温度（相对来说，温度越高，柔韧性越好），每天训练的时间（许多人的身体在下午比早上更柔韧）；年龄（青春期前往往比成年后更灵活）；执行特定练习的能力和练习者对改善柔韧性的投入（越训练，身体就会越柔韧）。

柔韧性的提高将有助于实现不受限制的、轻松的、平稳的运动，这将使得训练更安全、更有效，每天的任务更容易完成。例如，肩部僵硬时，可能很难够到一个很高的柜子，而腿部肌肉紧绷会使膝关节紧张，甚至在日常活动，如走路时也会紧张。降低肌肉的紧张感是有必要的，因为紧张的肌肉会降低效率，可能会让人感到全身不舒服。

好消息是，即使柔韧性现在不是很好，搏击健身计划也会通过特定的训练和拉伸运动来提高柔韧性。如果你已经有了一定程度的柔韧性，你会找到新的方法来提高柔韧性，这会让你更有动力，以便在训练时表现得更好。下面是一些提高柔韧性的方法。

注意肩部的位置

理想情况下，肩部应该稍微向后拉，以避免它们旋转。当肌肉有组织地工作时，它们会将我们的身体保持在正确的运作路线上。想象一下帐篷里的一根中轴，两边各有两根绳子。现在想象一根比另一根拉得更紧。很明显，拉得更紧的绳子必须被放松。对许多人来说，一个关键的问题在于，肩部和躯干区域包含了重要的器官，比如肺。这个部位的限制会增加全身的紧张感。当特别注意自己的姿势时，身体的其他部分就能最大限度地发挥各自的功能。

多喝水

水是每个人饮食中的关键成分，能够通过促进全身放松和增加关节活动度来提高柔韧性。为了保持健康，我们需要补充运动和出汗时流失的水分。为了避免脱水，饮水量取决于一系列因素，其中包括体形、温度或气候以及活动量。不过，一般而言，专家建议每天喝1.2~2升的水，这相当于6~10个容量为200毫升的玻璃杯的水。

记得做拉伸运动

通过终极柔韧性增强训练来拉伸肩部、躯干、髋部和腿部，并最终提高柔韧性，帮助自己更轻松、更有活力地运动。单个关节灵活并不一定意味着整个身体都灵活，上半身灵活并不能保证下半身灵活。这就是为什么拉伸如此重要：它能使整个身体处于高度灵活的状态，并受益于全身灵活的关节，我们会更快乐、更健康。

柔韧性的类型

柔韧性可分为动态柔韧性和静态柔韧性。前者涉及肌肉的运动，使肢体在自身的活动度内来回活动，后者则不涉及这种运动。静态柔韧性分为静态被动柔韧性和静态主动柔韧性。静态被动柔韧性是指利用体重或设备（如椅子）来达到并保持一个伸展姿势的能力。静态主动柔韧性是指运用主动肌中的张力来拉伸拮抗肌。将一条腿尽可能高地举于前方的时候，锻炼的就是静态主动柔韧性。这样做是在拉伸腘绳肌（拮抗肌），而股四头肌和髋屈肌（主动肌）实际上起到支撑腿部的作用。

柔韧性的好处

下面将讨论身体高度灵活的好处。

减少肌肉、关节和骨骼的摩擦

执行好的柔韧性训练计划的一个非常重要的益处是糖胺聚糖的产量提高了。这种物质可以防止肌肉纤维粘在一起，从而增加无痛活动度。糖胺聚糖也有助于修复肌腱和关节，减少摩擦和减轻炎症（如由于骨表面摩擦而导致的各种形式的关节炎）。

缓解紧张

关节的灵活性，特别是位于颈部和背部的关节，将帮助我们缓解紧张和放松身体。或许大家都知道，压力和身体紧张是紧密相连的，例如，工作或其他事情带来的压力会导致头痛或肌肉紧张。好消息是，拉伸可以缓解紧张。例如，拉伸过紧的颈部肌肉会增加头部的血液流动。腾出时间做一些简单的伸展运动，可以增强身心协调，减少疼痛，增加幸福感。

感觉更好

拥有良好的柔韧性会增加整体幸福感，因为运动变得更容易了，也能更顺利地进行日常训练。有了更好的柔韧性，我们可以享受每一个动作，而不是忍受痛苦或感到紧张，强迫身体做不舒服的动作——这是应该避免的情况。

改善运动姿势

有了良好的柔韧性，你可以充分利用自己的活动度，并与自然的运动联系起来，这将有助于改善姿势。这种情况下，可以避免驼背，保持头部和下巴在恰当位置，让外观更好看，感觉更舒适。

柔韧性欠佳会导致肌肉失衡，从而导致不良姿势甚至削弱柔韧性。姿势和柔韧性是相辅相成的。为了让姿势和柔韧性更好，请避免以下情况。

✓ 下巴向前突出——这会给脖子、肩部和脊椎带来压力，并对关节造成不必要的磨损，可能会导致疼痛、紧张和长期的伤害。

✓ 驼背——这会导致身体通过调整其他肌肉来进行补偿，从而导致受伤和疼痛。

保持身体挺直

拉伸运动可以通过提高关节和肌肉的柔韧性来改善身体的协调性。这会使动作自然流畅，执行起来轻松有力。更好的身体姿势能让你感觉更好、更强壮，从而增强自信心。

避免受伤或二次受伤

柔韧性好，肌肉不会那么紧，可以减少关节和肌肉恶化或再次受伤的风险。从长远来看，运动顺畅的肌肉和关节的功能更好。

不要过度拉伸，永远不要强迫身体达到疼痛或极度不适的程度。

搏击健身终极柔韧性增强训练

现在是时候提高一个级别，按照从热身到整理运动的顺序展示一个整体的柔韧性训练（见图9.1）了。这样不仅可以提高柔韧性和改善姿势，也会强化塑身的效果，进一步锻炼特定区域，如手臂、髋部和双腿。

热身	进行第5章的初级热身、中级热身或高级热身
柔韧性训练	每项训练做15次： 腘绳肌与小腿拉伸 髋部屈曲与转体 肩部拉伸 弓步转体 仰卧膝触胸 蜘蛛爬行 全身拉伸
整理运动	腘绳肌与小腿拉伸（每条腿20~30秒），肩部拉伸（每侧20~30秒），仰卧膝触胸（每条腿20秒）

图9.1　终极柔韧性增强训练

　　现在了解了更多增强柔韧性的方法，希望在进行终极柔韧性增强训练之后，关节与肌肉的紧张感有所减轻，柔韧性也能得到改善。释放紧张感和强化柔韧性有助于你轻松自如地进行日常工作和训练，使日常活动更加顺利和安全，从而改善整体幸福感。接下来的几章将说明如何提高心肺机能、力量和爆发力，以及了解非常有效的减肥和保持良好身材的方法。所以让我们继续第10章！

第10章

有氧运动

如果你想通过有趣的有氧运动来高效燃烧热量以保持身材，那就来对地方了。在这一章中，你会学习如何将有趣的拳击动作融入日常训练中，以此提高心肺机能。这个高强度的训练计划会让你看起来和感觉都很好，并可以根据目前的心肺机能水平进行调整，让身体以正确的方式高效燃烧热量，并通过这些全新的全身训练来保持身材。

在这一章中，你将了解什么是心肺机能、它的好处，以及如何提高和保持自身的心肺机能水平。你还将了解一个平衡的有氧运动计划如何改善身心状态，以及一个工作效率良好的心血管系统如何改善健康状况。这一章可以极大地改善健康和体能，提供一个设定良好的体能和健康目标（短期和长期）的好机会。

有氧运动是什么

心肺机能与心脏、肺和血管系统吸收、运输和使用氧气的能力有关。在提到运动时，我们引用"心肺"一词，尽管许多人将其与心血管互换使用。血管是指在全身输送血液的动脉和静脉网络。定期、安全的运动能让心脏更有效地输送富氧血液，提高身体利用氧气的效率，从而改善心血管系统。呼吸时，氧气直接进入血液，然后心脏将富氧的血液输送到全身，为肌肉提供能量。

如果不经常训练，心血管系统功能会很明显地退化。随着心肺机能水平的提高，心脏将更好地为肌肉和全身系统提供氧气。这就是为什么达到和保持高水平的心肺机能是如此重要。这一章的训练计划可以融入其他的计划中，或者作为单独的训练计划，让自己的体能水平得到进一步提高。

心肺机能因素

改善心肺机能的关键在于正确的训练强度和持续时间。下面的因素将决定你能否成功地提高自己的有氧运动水平。

训练频率

尽管美国心脏协会建议每周至少5天进行每天30分钟的运动，以保持心肺的健康，但我们建议每周至少进行3次中等强度到高强度的运动，以增强心肺机能。这一章的训练将让你更快、更努力、更专注地达到并保持一个有氧运动水平，保持身心健康、快乐。

训练强度

训练强度指的是身体运动时的努力程度，这因人而异。强度水平会影响身体所消耗的燃料（即碳水化合物或脂肪）及其对运动的适应（如肌肉生长或身体脂肪减少），你可以在运动中使用心率监测器来确定运动的强度。

我们建议以最大心率，即220次/分（每分钟心跳）减去年龄后所得的数值的70%~85%训练。如果年龄35岁，最大心率就为每分钟185（220−35=185）次。因此，要在每分钟心跳129~157次的范围内训练。

训练持续时间

为了让心肺机能达到更高水平并得以保持，每次应该训练0.25~1小时。为了使心肺机能更健康，至少需要训练12分钟。如果刚开始训练，这是一个很好的起点。随着训练的进展，逐渐增加相应的持续时间。心肺功能是指长时间训练的能力，这也被称为心肺耐力。在有氧运动中，人体利用氧气分解脂肪和碳水化合物来获取能量。

　　无氧运动是在不使用氧气的情况下进行的，这只能维持很短的一段时间。无氧能量系统适用于能量和强度的短时间爆发，任何需要肌肉爆发的运动（例如，短跑）都将调动这一系统。这些强大的身体能量爆发的平均时长为 1~15 秒。在那之后，将再次回到有氧运动的状态，这意味着要再次使用氧气。

训练结构

　　如果想要实现甚至超越自己的目标，那就需要掌握用于提高心肺机能的技能并加强训练。制订一个清晰的训练计划或结构（例如，每周分配一个特定的时间）有助于不断地坚持下去。当你开始体验到身体和能量水平的积极变化时，执行一个训练计划会变得更容易。

　　在这一章的下一部分，你将会了解有趣的消耗热量的出拳练习，可以将其用作有氧锻炼的一部分。

有氧运动的好处

　　心肺水平的提高对身心大有裨益，既可以提高心脏工作的效率和强度，又可以拥有使身体处于健康状态的体重，这样就可以拥有更迷人的外形。以下内容概述了有氧运动水平的提高所带来的好处。

50 拳倒计时

　　这种非常有效和激烈的训练可以被整合到任何锻炼当中，从而将有氧运动的好处最大化。50 拳倒计时会让你出汗，从而提高你的有氧运动水平！只需将其作为主要训练的最后一部分即可。

　　运用所有已经学过的技术执行 50 拳倒计时的训练计划：刺拳－交叉拳－刺拳－交叉拳组合 ×30，然后左勾拳－右勾拳－左勾拳－右勾拳组合 ×20。完成每次组合后，确保回到搏击健身直立准备姿势和中级防守姿势。

加强心脏锻炼

运动的时候，心跳会加快，以满足身体对氧气的需求。运动期间，呼吸会加快，体温也会升高，在某个时候，可能会开始出汗。所有这些现象都表明，身体正在发生变化。当我们逐渐停止运动，心跳和呼吸将恢复正常，身体也会放松下来。这个过程对身体，尤其是心脏，有非常积极的影响，特别是在开始有规律地锻炼的时候。以下内容概述了定期运动和进行安全、有组织的有氧运动对心脏的影响。

降低静息心率

如果运动规律，休息时心脏实际上跳动次数更少，即静息心率（resting heart rate，RHR）更低。一旦养成了有规律的锻炼习惯，变得更健康，静息心率就会下降。随着身体素质的提高，心脏肌肉会变得更强壮，每一次跳动都会输送更多的血液，这意味着每分钟的跳动次数会减少。

缩短恢复时间

经常运动的心脏在运动后恢复和恢复到运动前的状态所需的时间较少。身体越健康，恢复时间就越短。心脏恢复到运动前的状态所花的时间是衡量身体健康程度的指标：恢复时间越短，就越健康。

提高整体健康水平

拥有一个更强壮、更高效的心脏之后，患心脏病、中风和糖尿病的风险就会降低。经常锻炼还可以降低胆固醇水平，减少动脉中的斑块，这样血液就可以更自由地进出心脏。

减肥或保持体重

进行有组织的有氧运动不仅可以提高心肺机能，还有助于减肥或保持体重。做一点有氧运动可以使你更接近理想体重。记住，减肥是很多人开始锻炼时的一个关注点，但有氧运动也提供了许多其他的健康和体能好处。

感觉更好

老实说，虽然锻炼有时看起来"太难了"，但一旦真的去做了，并进行了良好的锻炼，你的身体会感觉好很多。如果不相信，不妨尝试一下。如果能在一次锻炼后感到精力充沛，身体更灵活，想象一下，坚持每周锻炼3次，会感觉更棒！定期锻炼不仅能增加能量和增强信心，而且对大脑非常有好处，可以缓解压力和紧张，让人感觉更快乐、更加均衡。经常锻炼身体，会有更多的能量，压力会减少，睡眠质量也会提高。

看起来更精神

有氧运动可以极大地增强身体的耐力。它们能快速地燃烧热量，塑造和锻炼一直想要改善的身体部位。

现在你已经了解了保持高水平心肺机能的好处，下一步你可能想知道如何提高自己的心肺机能水平。这一章的其余部分介绍了终极有氧强化训练，它可以给健康、外表和感觉带来惊人的好处，并增强信心。所需的只是动力和决心。这种全面的身体锻炼将会真正促进心肺机能水平的提高，同时燃烧脂肪，让身心处于良好状态。

搏击健身终极有氧强化训练

搏击健身终极有氧强化训练提供了有趣、简单的热身方式，随后是一些激烈、排汗的主要训练，最后再增加一些整理运动，帮助从锻炼中恢复。所以，提高有氧运动水平吧！

如果是初学者，最好从初级的终极有氧强化训练开始，两周后转到中级训练，然后再转到高级训练。如果你已经有了一个固定的健身计划，请从中级开始，然后继续进行高级训练。

初级终极有氧强化训练

图 10.1 中初级训练旨在通过高强度的锻炼来开发心肺机能，同时也会锻炼手臂、臀部和腿部。如果你是刚开始锻炼或者已经有一段时间没有锻炼了，这种锻炼将会是提高有氧运动水平的好方法。

热身	进行第5章所介绍的初级热身、中级热身或高级热身		
柔韧性训练	进行2~3分钟练习，每次1分钟：俯身屈曲，腘绳肌与小腿拉伸，髋部屈曲与转体，髋部旋转，肩部拉伸，侧弓步，弓步转体，仰卧膝触胸，肩部外向拉伸，平板支撑转体，单腿支撑触墙，蜘蛛爬行，脚趾触碰或全身拉伸		
主要阶段	快速出拳（2组，每组2分钟，组间休息45秒）	步法练习（2组，每组2分钟，组间休息45秒），时钟式步法练习结合滑步	PHA循环训练：俯卧撑，开合跳；深蹲跳（每个练习20秒，循环2次，每次循环之间休息2分钟）
整理运动	腘绳肌与小腿拉伸（每条腿20~30秒），肩部拉伸（每侧20~30秒），仰卧膝触胸（每条腿20秒）		

图10.1　初级终极有氧强化训练

中级终极有氧强化训练

图10.2中所示的中级训练旨在使身体更加努力地运动，从而燃烧更多的热量，最终将心肺机能提升到一个新的水平。如果你已经尝试了初级训练，但觉得它的挑战还不够大，或者你已经有了一个良好的心肺机能水平，那么中级训练将非常适合你。

热身	进行第5章所介绍的初级热身、中级热身或高级热身		
柔韧性训练	进行2~3分钟练习，每次1分钟：俯身屈曲，腘绳肌与小腿拉伸，髋部屈曲与转体，髋部旋转，肩部拉伸，侧弓步，弓步转体，仰卧膝触胸，肩部外向拉伸，平板支撑转体，单腿支撑触墙，蜘蛛爬行，脚趾触碰或全身拉伸		
主要阶段	快速出拳（2组，每组2分钟，组间休息45秒）	步法练习（2组，每组2分钟，组间休息30秒），时钟式步法练习结合滑步	PHA循环训练：俯卧撑，高抬腿侧向跳，开合跳；桥式平板支撑，多方向蹲推，深蹲（每个练习20秒，2个完整循环，2个循环之间休息2分钟）
整理运动	腘绳肌与小腿拉伸（每条腿20~30秒），肩部拉伸（每侧20~30秒），仰卧膝触胸（每条腿20秒）		

图10.2　中级终极有氧强化训练

高级终极有氧强化训练

　　图10.3所示的高级训练旨在强化心肺机能。如果你的心肺机能已经达到很高的水平，并且想要进一步提高，那么这个训练挑战性更大，也非常适合你。

热身	进行第5章所介绍的初级热身、中级热身或高级热身			
柔韧性训练	进行2~3分钟练习，每次1分钟：俯身屈曲，腘绳肌与小腿拉伸，髋部屈曲与转体，髋部旋转，肩部拉伸，侧弓步，弓步转体，仰卧膝触胸，肩部外向拉伸，平板支撑转体，单腿支撑触墙，蜘蛛爬行，脚趾触碰或全身拉伸			
主要阶段	快速出拳（2组，每组2分钟，组间休息45秒）	步法练习（3组，每组2分钟，组间休息30秒），时钟式步法练习结合滑步	PHA循环训练：俯卧撑，高抬腿侧向跳，开合跳；桥式平板支撑，多方向蹲推，深蹲（每个练习30秒，2个完整循环，2个循环之间休息2分钟）	50拳倒计时（如本章前文所述）
整理运动	腘绳肌与小腿拉伸（每条腿20~30秒），肩部拉伸（每侧20~30秒），仰卧膝触胸（每条腿20秒）			

图10.3　高级终极有氧强化训练

　　如果你想更进一步提高心肺机能，可以把其他的运动，比如跑步，整合到有氧运动中。例如，你可以在日常锻炼中加入800米跑的间隔训练，以此提高有氧运动效率。

　　先做3分钟的热身运动，其中包括慢跑、跳跃和短距离冲刺；然后进行3次0.75~1分钟的中等强度间歇训练，中间休息1~2分钟；之后，25秒高强度间歇跑3次，中间穿插30秒的休息，每一次间隔后慢跑回到起点；最后慢跑2分钟让自己放松下来。为了达到最好的效果，每周进行2次间歇训练。

　　这一章应该会让你汗流浃背。现在是时候继续下一阶段的训练了——了解搏击健身如何帮助减肥。第11章，我们来了！

减　肥

第11章为健康减肥提供了独特的见解，通过一个简单的、结构化的训练计划，搭配一个健康的饮食习惯，用各种适当的营养物质来改善身体状况，同时燃烧身体的脂肪和热量。它还讨论了在开始减肥计划之前我们要做的事情，如何在整个计划中保持积极性，如何最大化地集中注意力，以及如何将健康的营养选择和平衡的日常锻炼融入生活方式当中。

什么是成功的减肥计划

这一章介绍了一种健康、合理的减肥方法，而不是许多人采用的那种不可思议、不切实际的，有时是不健康甚至是危险的减肥方法。当致力于遵循一个整体的减肥计划，将平衡的日常锻炼和健康饮食结合起来，在特定的一段时间内，就会得到不错的减肥效果。如果遵循这个计划，健康就会得到持续的改善，在减肥的道路上也会表现得越来越好。

减肥成功的要素

或许大家以前尝试过减肥，但效果没有想象得那么好。如果是这样，别担心。并不是个别人有这种经历。许多人试图通过遵循特定的计划或追逐新的饮食热潮来减肥，但因为失去了动力或兴趣、跟不上常规锻炼或根本没有看到想要的效果而放弃了减肥。为什么会这样呢？为什么如此多的减肥尝试在开始后不久就结束了呢？答案是，大多数人没有看到减肥计划应该包括的所有要素。许多人只专注于一个方面，如放弃摄入碳水化合物或吃更多的生食。有些人试图通过吃更健康的食物和更少的食物来减肥；另一些人则遵循过度和效果不佳的减肥计划。每次都下定决心减肥，却不付出实际行动。这次要做些什么才能减肥成功呢？答案是，从整体的角度来看待减肥。如果把健康的饮食和锻炼结合到自己的生活方式中，就能拥有理想的体重。

除了饮食和锻炼，成功减肥还受其他因素的影响。以下部分提供了一些建议，以确保减肥计划有实质性作用，而不是起到反作用。

设定现实的目标和期望

身体需要一段时间来适应饮食方面的改变，并慢慢适应锻炼习惯。如果在改变饮食和锻炼习惯的头几天内没有减掉大量的体重，请不要失望。这可能需要一段时间，然而一旦身体习惯了这些积极的变化，它就会接受新的生活方式，并开始为减肥工作，更快地燃烧脂肪，加速减肥。

有人可能还会发现，体重秤上的数字并没有像自己希望的那样迅速下降，但这并不意味着没有取得进展。除了体重，其他指标也能显示改善方面，比如腰带上的扣口。由于肌肉比脂肪重，体重可能会保持不变，而身体脂肪含量的百分比减少了。坚持下去，很快就会看到身体和体重方面出现实质性的改变。

设定减肥目标是健康减肥之旅的第一步。首先，回答第3章关于设定现实目标的问题。这是一个很好的激励因素，可以让人在整个训练计划中保持专注和投入。

避免干扰

在任何减肥计划里，都需要始终保持专注、积极的态度和坚定的决心。当觉得没有动力做运动时，想想一旦减掉了体重，体形变好了，会是什么样子，会有什么感觉。确保坚持执行一个日常锻炼计划——也就是说，在特定的一天和特定的时间锻炼，这样就不会因为电话、朋友或家人进出房间而分心。关掉手机、电视和其他任何让我们开心的电子设备，远离干扰。另外，保持锻炼空间的整洁，并在锻炼后安排足够的时间来放松，然后再开始日常生活。

为身体提供"燃料"

为了使身体机能达到良好状态，需要摄入适当的食物。第3章讲述了所有的细节——如何养成一个健康平衡的饮食习惯，如何提高能量水平，以及如何保持建议的热量摄入量。减肥的过程中需要一些灵感时，可以翻看那些对身心都有好处的食谱。

适当的运动可以减肥

为了减肥，需要做一些运动让身体更快地燃烧热量，燃烧更多的脂肪。这些运动和积极的饮食变化完美结合，加速减肥进程。这一章的运动是专门为安全、健康、平衡地减肥而设计的，其中的一些建议和技巧可以提高身体燃烧脂肪的效率。为了减肥和燃脂，你需要做到以下几点。

✓ 为自己的锻炼计划设定一个可坚持的时间（例如，12周）。

✓ 遵循一个运动计划，在这个计划中，运动所消耗的能量要比通过节食消耗的能量多。

✓ 做运动，增加肌肉组织含量。

✓ 经常锻炼，以提高整体代谢水平。

✓ 给自己安排休息的时间。不要每天锻炼，每周3~4次就足够了。如果身体没有足够的时间从剧烈运动中恢复过来，可能会感到疲惫甚至筋疲力尽。

减肥的好处

减肥不仅能让身体更苗条，还能改善姿势，增强自信心，增加整体幸福感，使你变得更健壮、更健康、更有活力。以下内容介绍了减肥的一些好处。

塑造体形

这一章特别定制的减肥计划旨在为身体的特定部位塑形。这些运动将使手臂、髋部和腿部得到锻炼，同时使体能水平迅速提高，从而使你更接近自己的减肥目标。

改善姿势

遵循一个高质量的减肥训练计划，锻炼手臂和周围的肌肉，接着就能从肩部和背部看到姿势方面的改善。这是搏击健身终极减肥计划的一大好处。

减肥

　　当然，减肥计划最重要的好处是减肥本身。记住这一点，想象一下，一旦减到了自己想要的体重，会有什么感觉，这样做的目的是帮助自己保持良好的状态和动力。

保持健康

　　通过均衡的营养和锻炼来一步一步地减肥，这会让人在很多方面变得更健康。你会觉得浑身充满能量，精神更集中，身体的活动度也更大。

预防疾病

　　减肥已被证明是促进整体健康的有效手段，因为它可以降低血压和降低患心血管相关疾病的风险。良好的饮食习惯和有效的日常锻炼甚至可以预防 2 型糖尿病。这些好处可以帮助我们长期保持良好的体形。

感觉更好、更自信

　　减肥也会增强信心，因为从减肥中能看到体形和力量的变化。这里列出的终极减肥训练能够帮助你达到预期的减肥目标。

搏击健身终极减肥训练

　　这一章的减肥训练，从初级到高级，会让你走上实现减肥目标的正确道路。你将学习如何使用特定的运动提升身体能力，并以平衡且健康的方式减肥。

初级终极减肥训练

　　图 11.1 所示的初级减肥训练旨在开始减肥计划。这些有趣的运动将加速热量和脂肪的燃烧过程。如果是刚开始锻炼，或者已经有一段时间没有锻炼了，但是想要在减肥和减少体内脂肪方面迈出第一步，试试下面的训练吧。

热身	进行第5章所介绍的初级热身、中级热身或高级热身			
柔韧性训练	进行2~3种练习，每种1分钟：俯身屈曲，腘绳肌与小腿拉伸，髋部屈曲与转体，髋部旋转，肩部拉伸，侧弓步，弓步转体，仰卧膝触胸，肩部外向拉伸，平板支撑转体，单腿支撑触墙，蜘蛛爬行，脚趾触碰或全身拉伸			
主要阶段	空击：刺拳－交叉拳（15次）	深蹲跳（每边15次）	俯卧撑（15次）、左右跳跃（15次）、桥式平板支撑（15次）	2-2-2-2模式（15次，组间休息30秒）（见第6章）
整理运动	腘绳肌与小腿拉伸（每条腿20~30秒），肩部拉伸（每侧20~30秒），仰卧膝触胸（每条腿20秒）			

图11.1 初级终极减肥训练

中级终极减肥训练

图11.2所示的中级减肥训练的目标是让减肥方法更上一层楼，增加强度，让身体每个部位都适当运动，燃烧更多的脂肪。如果一直做基本的减肥锻炼，并取得一些成效，但现在感觉好像已经达到了一个稳定水平，那么身体可能需要更多的运动。是时候试试中级减肥训练计划了。

高级终极减肥训练

图11.3所示的高级减肥训练旨在提高减肥效果，遵循这个训练你可以感受到高强度的减肥方法给身体和大脑带来的神奇效果。如果可以很容易地进行前面介绍的初级和中级减肥训练，同时想要加速减肥进程，可以试试这个高级训练计划。这些运动会让你更加努力，更均衡地减肥。

热身	进行第5章所介绍的初级热身、中级热身或高级热身			
柔韧性训练	进行2~3种练习，每种1分钟：俯身屈曲，腘绳肌与小腿拉伸，髋部屈曲与转体，髋部旋转，肩部拉伸，侧弓步，弓步转体，仰卧膝触胸，肩部外向拉伸，平板支撑转体，单腿支撑触墙，蜘蛛爬行，脚趾触碰或全身拉伸			
主要阶段	空击：刺拳－交叉拳（15次）	深蹲跳（每边15次），俯卧撑（15次），波比跳（15次），桥式平板支撑（15次）	拳击沙袋练习（上、下、前、后）各5次	开合跳（15次），熊式爬行（15次）
整理运动	腘绳肌与小腿拉伸（每条腿20~30秒），肩部拉伸（每侧20~30秒），仰卧膝触胸（每条腿20秒）			

图11.2 中级终极减肥训练

热身	进行第5章所介绍的初级热身、中级热身或高级热身			
柔韧性训练	进行2~3种练习，每种1分钟：俯身屈曲，腘绳肌与小腿拉伸，髋部屈曲与转体，髋部旋转，肩部拉伸，侧弓步，弓步转体，仰卧膝触胸，肩部外向拉伸，平板支撑转体，单腿支撑触墙，蜘蛛爬行，脚趾触碰或全身拉伸			
主要阶段	空击：刺拳－交叉拳（15次）	团身跳（15次）	开合跳（15次），交替弓步（15次），熊式爬行（15次），团身跳（15次）	空击：刺拳－交叉拳（15次）（见第6章）
整理运动	腘绳肌与小腿拉伸（每条腿20~30秒），肩部拉伸（每侧20~30秒），仰卧膝触胸（每条腿20秒）			

图11.3 高级终极减肥训练

现在已经介绍了减肥的整体训练方法，请确保自己遵循推荐的训练计划（根据自己的体能水平和减掉的体重，每周锻炼3~4次，每次最多锻炼1小时）以及第3章推荐的特殊饮食。再想一想如何选择健康的食物来巩固自己的锻炼习惯，以便加速减肥计划进程。如果注意力集中，决心坚定，态度积极，体重就会达到自己想要的水平。不用再担心体重了，继续按计划减肥，感觉会很棒。

第12章

健身塑形

通过搏击和体能锻炼来强身健体与塑形，从来没有像现在这么容易！这一章提供了一系列的方法和诀窍，读者可通过有趣的练习和独特的技巧进行健身塑形。你将学习如何健身塑形，以及如何以有趣的有氧运动和令人兴奋的搏击训练为基础，创建一个平衡的、结构化的健身塑形计划。

这一章涵盖了各种各样的全身训练计划，从15分钟的快速训练到3个级别的终极健身塑形训练。这些训练将使腹部变平，臀部提起，腰部、腿部和手臂塑形，并最终让你拥有一个真正的搏击体格。根据不同的能力水平，可以选择适合自己的方式，安全地应对更高层次的挑战。

什么是健身塑形

那些想要一个更有运动感的身材而不是臃肿或肌肉僵硬的人经常谈及健身塑形。肌肉有一个自然的静息张力，可以通过有规律的锻炼来强化；塑形是通过增加肌肉张力，同时减少身体脂肪来实现的。

许多人都是为了改善肌肉轮廓和重塑自己的体形而开始锻炼的。一般来说，那些有望强化身体的运动侧重于锻炼肌肉。令人难过的是，没有一项运动可以锻炼全身肌肉；但值得欣慰的是，大量的有氧运动和搏击运动可以减脂，自重锻炼可以增肌。将这些锻炼和运动结合起来可以达到"塑身"的效果，即身体瘦、脂肪含量低、肌肉线条和形状明显。这一训练有利于血液的自然流动以及最佳活动度的形成，从而改善平衡以及外观。

为了塑造一个健美的体形，你必须进行日常锻炼，发展健康的、含氧的肌肉，这些肌肉的长度与它们所服务的骨骼的长度相匹配。肌肉如果没有得到强化，就会收缩过度，从而影响日常活动或锻炼的效果。对于骨骼来说，长度不合适的肌肉要么太紧、要么太松。肌肉太紧会导致过度收缩和不必要的紧张，而肌肉太松则会导致过度灵活。

那么，怎样才能使肌肉变得更健康呢？以下部分提供一些技巧，开始一个让肌肉更有轮廓的健身之旅。

设定健身塑形目标

只有设定了目标，才可能拥有想要的体形。选择每周锻炼的次数、锻炼的方式、提高锻炼水平的预期时间（比如，增加目前正在做的训练重复次数），以及一个具体的锻炼时间。

努力去做

最大限度地锻炼身体将极大地帮助你强化与塑形。做这些时，请保持专注，全力以赴，不要放弃。全神贯注，鼓励身体锻炼，这样就会拥有更清晰的肌肉线条。

健身与塑形相结合

如果把健身运动和有效的有氧运动结合起来，那么健身塑形和减肥速度会非常快。这一章的终极健身塑形训练计划提供了均衡的有氧运动和塑身运动，帮助你达到健身塑形的目标，并在整个过程中减肥。

进行高重复的日常锻炼

为了拥有清晰的肌肉线条，你需要增加更多的重复次数，这样可以增加肌肉的血流量，使肌肉更加健康，同时也可以燃脂。如果每次锻炼做20次，并且坚持下去，效果立竿见影。

有氧运动与无氧运动相结合

有氧运动和无氧运动结合将有助于塑造肌肉线条，快速燃脂。无氧运动是指在短时间内（最多15秒）不依靠氧气进行运动，如爆发力出拳组合或快速出拳。有氧运动持续时间更长，需要氧气，例如，慢跑热身、打拳或以较慢的速度进行步法训练。

收缩训练

收缩训练可以激活身体后部和与体态相关的肌群，从而使我们的体态看起来更健康。长时间的伏案会对体态产生负面影响。如果觉得自己的肩有点驼，想改善体态，收缩训练会加强核心肌肉和下背部，帮助你站得更直。收缩训练通过背起和深蹲来达到健身塑形的效果，在这两种训练中，要紧握拳头，手臂向上举并尽可能往上伸，就像上坡滑雪运动一样。

吃喝以加速脂肪燃烧

加速身体脂肪燃烧的食物和饮料包括甜菜根、苹果醋和红辣椒等。别忘了最重要的水！

搏击健身终极健身塑形训练

如前所述，我们可以通过建立一个有规律的、中等强度到高强度的健身塑形运动机制来改善体形和肌肉线条。下面的健身塑形训练能让肌肉更加努力和快速地工作，以帮助你获得理想的体形。

在进行特定的训练之前，要掌握正确的训练频率和类型。为了获得最好的效果，请选择适合自己的训练水平（初级、中级或高级）并执行相应的训练计划。

初级训练

如果刚开始执行训练计划，这个计划会奠定坚实的基础。一旦准备好继续前进（例如，锻炼和重复并不费力，想挑战更难的训练），那么请挑战涉及更多日常活动的中级训练。

✓ 每周2次：初级终极健身塑形训练（例如，周二和周四）。

✓ 每周3次：早起15分钟进行训练（例如，周一、周三和周五）。

中级训练

如果已经习惯了定期训练（即每周训练2~3次），那么请执行中级训练计划，健身塑形的进程会更快。

✓ 每周3次：中级终极健身塑形训练。

✓ 每周4次：早起15分钟进行训练。

高级训练

如果已经非常有规律地训练了（例如，每周锻炼3~4次），并且想得到更好的体形和身体状态，那么这个训练计划就是为你量身打造的。

✓ 每周4次：高级终极健身塑形训练。

✓ 每周5次：早起15分钟进行训练。

早起15分钟进行训练

这个15分钟的训练（见图12.1）将开启新的一天，让你充满活力，注意力高度集中，同时健身塑形并改善氧气供能系统。将闹钟设置得比平时早15分钟，试着做一些有趣的、短时间的训练。

搏击健身终极健身塑形训练

终极健身塑形训练计划在这一部分的特点是超高速和超有效，其中包括热身、柔韧性训练、主要阶段和整理运动等。选择一个适合自己能力水平的训练计划，在享受整体训练计划的同时开始塑造良好的身材，这会让你感到充满活力。这些训练能够针对性地锻炼身体的特定部位，包括大腿、臀部、腹部、胸部和肩部。

初级终极健身塑形训练

如果是刚开始锻炼或者已经有一段时间没有锻炼了，图 12.2 中的初级训练计划会让你以健康和平衡的方式来健身塑形。这个锻炼是非常完美的健身之旅的开端，会让你拥有一个更加苗条且强健的体格。

热身	进行第 5 章所介绍的初级热身、中级热身或高级热身		
柔韧性训练	进行 2~3 种练习，每种 1 分钟：俯身屈曲，腘绳肌与小腿拉伸，髋部屈曲与转体，髋部旋转，肩部拉伸，侧弓步，弓步转体，仰卧膝触胸，肩部外向拉伸，平板支撑转体，单腿支撑触墙，蜘蛛爬行，脚趾触碰或全身拉伸		
主要阶段	空击：直线交叉拳击打 20 次，并专注于一个点	俯卧撑（20 次）	波比跳（20 次），背起（20 次），卷腹（20 次），深蹲跳（20 次）
整理运动	腘绳肌与小腿拉伸（每条腿 20~30 秒），肩部拉伸（每侧 20~30 秒），仰卧膝触胸（每条腿 20 秒）		

图 12.1 早起 15 分钟进行训练

热身	进行第 5 章所介绍的初级热身、中级热身或高级热身				
柔韧性训练	进行 2~3 种练习，每种 1 分钟：俯身屈曲，腘绳肌与小腿拉伸，髋部屈曲与转体，髋部旋转，肩部拉伸，肩部外向拉伸，侧弓步，弓步转体，仰卧膝触胸，平板支撑转体，单腿支撑触墙，蜘蛛攀爬，脚趾触碰或全身拉伸				
主要阶段	隔空打拳：刺拳（15 次）	刺拳（3 轮，每轮 10 拳，中间休息 15 秒）	刺拳（3 轮，每轮 10 拳，中间休息 15 秒）	刺拳组合（3 轮，每轮 10 拳，中间休息 15 秒）	2-2-2-2-2 模式：3 轮，每轮 1 分钟，中间休息 20 秒
循环阶段	深蹲跳（30 秒），桥式平板支撑（30 秒），肱三头肌撑体（30 秒），平板支撑（30 秒）				
整理运动	腘绳肌与小腿拉伸（每条腿 30~40 秒），站立位股四头肌拉伸（每条腿 30~40 秒），仰卧膝触胸（每条腿 30~40 秒），上背部拉伸（30~40 秒），静态胸部拉伸（30~40 秒）				

图 12.2 初级终极健身塑形训练

中级终极健身塑形训练

如果对初级终极健身塑形训练非常有信心，并且很轻易地就可以执行，那么可以尝试图12.3中的中级训练来挑战自己。这能够进一步提升健身塑形体验，你会看到身体有明显的变化，同时将拥有非常不错的感觉。如果身材已经很好了，想要变得更加健美，那么这种训练方式也非常适合你。

热身	进行第5章所介绍的初级热身、中级热身或高级热身				
柔韧性训练	进行2~3种练习，每种1分钟：俯身屈曲，腘绳肌与小腿拉伸，髋部屈曲与转体，髋部旋转，肩部拉伸，侧弓步，弓步转体，仰卧膝触胸，肩部外向拉伸，平板支撑转体，单腿支撑触墙，蜘蛛爬行，脚趾触碰或全身拉伸				
主要阶段	空击（刺拳-交叉拳-刺拳-交叉拳组合15次，刺拳-交叉拳-勾拳-勾拳组合15次）	刺拳-交叉拳-刺拳-交叉拳组合（3组，每组10次，组间休息15秒）	刺拳-交叉拳-勾拳-勾拳组合（3组，每组10次，组间休息15秒）	刺拳-交叉拳躲闪组合（3组，每组10次，组间休息15秒）	2-2-2-2模式（3组，每组1分钟，组间休息20秒）（见第6章）
循环阶段	深蹲跳（40秒），俯卧撑（40秒），弓步转体（40秒），肱三头肌撑体（40秒），平板支撑交替抬腿（40秒）				
整理运动	腘绳肌与小腿拉伸（每条腿30~40秒），站立位股四头肌拉伸（每条腿30~40秒），仰卧膝触胸（每条腿30~40秒），上背部拉伸（30~40秒），静态胸部拉伸（30~40秒）				

图12.3　中级终极健身塑形训练

高级终极健身塑形训练

如果已经训练了一段时间，或者觉得初级训练和中级训练（或者两者兼有）的挑战不够大，或者想要让自己的身体更有轮廓，那么图12.4中的高级训练计划将非常适合你。这个日常训练会对健身塑形产生非常积极的效果。如果坚持下去，你将会受益无穷。

热身	进行第5章所介绍的初级热身、中级热身或高级热身				
柔韧性训练	进行2~3种练习，每种1分钟：俯身屈曲，腘绳肌与小腿拉伸，髋部屈曲与转体，髋部旋转，肩部拉伸，侧弓步，弓步转体，仰卧膝触胸，肩部外向拉伸，平板支撑转体，单腿支撑触墙，蜘蛛爬行，脚趾触碰或全身拉伸				
主要阶段	空击（刺拳-交叉拳-勾拳-勾拳组合15次，2组上勾拳，2组勾拳，每组15次）	刺拳-交叉拳-勾拳-勾拳组合（3组，每组10次，组间休息15秒）	上勾拳-上勾拳-勾拳-勾拳组合（3组，每组10次，组间休息15秒）	刺拳-交叉拳-勾拳-勾拳-躲闪组合（3组，每组10次，组间休息15秒）	2-2-2-2模式（3组，每组1分钟，组间休息20秒）
循环阶段	深蹲跳（45秒），俯卧撑（45秒），弓步转体（45秒），肱三头肌撑体（45秒），平板支撑交替抬腿（45秒）				
整理运动	腘绳肌与小腿拉伸（每条腿30~40秒），站立位股四头肌拉伸（每条腿30~40秒），仰卧膝触胸（每条腿30~40秒），上背部拉伸（30~40秒），静态胸部拉伸（30~40秒）				

图12.4 高级终极健身塑形训练

现在你应该知道如何通过设定目标和坚持日常锻炼习惯来健身塑形了。第13章将讲授一些有趣的、能够增强力量与爆发力的训练。

力量与爆发力

有些人会被"力量与爆发力"这个词组吓到了，他们会联想到男人和女人的肱二头肌、肱三头肌以及腹肌非常发达时的情景。请放心，这不是本章所讨论的主题。第13章侧重于通过各种有趣的、爆发性的拳击动作和令人振奋的锻炼来提高力量与爆发力，从而提高体能水平与健康效益。搏击健身终极力量与爆发力增强训练是非常有效的日常锻炼，在这项训练里，你可以根据自己能力水平，实现自己想要的训练效果。这一章的练习可以在不需要任何设备的情况下增强力量。

令人欣慰的是，力量与爆发力会对整体搏击表现产生积极的影响。因为它们会给出拳提供额外的力量，让你出拳更有冲击力。可以试着了解怎样提高力量与爆发力。

什么是力量与爆发力

力量指的是肌肉在抵抗阻力（例如，抓住或抑制一个物体或人）时所能产生的力。在这个项目中，力量反映了肌肉产生力与爆发力的能力，以及在一定速度下产生力量的能力。这一章通过一个基本水平的训练帮助你提高力量与爆发力，然后使用爆发性运动和练习来逐渐强化体能。

爆发力是在最短的时间内发挥最大肌肉力量的能力，是速度与力量的结合。提高爆发力的训练包括以爆发性的动作进行的高速运动，这些运动能够尽可能地收缩肌肉。例如，当进行交叉拳－刺拳组合时，爆发力会从脚掌向上穿过双腿，并于向目标伸展拳头之前，以旋转的形式穿过髋部、躯干以及肩部。你需要使用上、下半身体肌肉来完成平稳、快速的拳击组合。

增强力量与爆发力的方法

搏击健身训练计划的重点是，将安全、有趣的自重练习和爆发性运动相结合，逐渐增强肌肉的力量与爆发力。这将确保你以正确的方式获得力量与爆发力。

以下内容解释了自重练习和爆发性动作练习是如何让力量与爆发力发生巨大变化的。

自重练习

利用自己的体重来让自己变得更强壮，不仅节省健身成本，这也是一种高效的强化与塑形的锻炼方式，而且还可以提高体能水平。

自重锻炼中，需要用一个或多个肢体来支撑身体的重量，或者用核心肌肉抬起肢体，从而抵抗重力所带来的阻力。经常进行自重锻炼可以增强肌肉和心肺机能，提高心理运动技能，如平衡能力、敏捷性和协调能力。在使用自重阻力的前提下，你也可以通过俯身、跳跃、摆动、扭转和踢腿等动作来增加力量和活动度。

爆发性动作练习

由于拳击运动需要很快的速度和很大的爆发力，它是释放让人愉悦的内啡肽以及快速缓解压力和紧张的好方法。你可以将爆发性运动融入锻炼计划中，以此来提高力量与爆发力，进而达到最快的速度。由于拳击运动是全身性运动并需要调动大量肌肉，这一章的训练会让你产生很大的爆发力。爆发性动作的训练是非常剧烈的，而且需要全速执行，因此它们在快速燃烧脂肪这一方面有着神奇的效果。另外，它们也能调动更多的肌肉纤维，从而使身体更苗条、更匀称。

提高力量与爆发力的益处

现在，你已经理解了力量与爆发力这两个术语，那么接下来让我们来看看提高这两个因素对健康有什么好处。

增强肌肉

如果肌肉更强壮，身体就更灵活，更不易受伤。遵守力量训练法，不仅肌肉会增强、肌腱、韧带和结缔组织也会增强，身体会因此而更有效率、柔韧性更强。

塑造健美的体格

执行一个平衡的力量与爆发力训练计划，可以使肌肉更强壮、身体更协调。你会拥有更健美、更迷人的体形。

感觉更好

除了增强力量、爆发力和提高速度外，力量与爆发力练习还会让你更健康，感觉更好。它能增强免疫系统，并通过释放额外的能量来增强活力。锻炼身体对我们的健康是非常有益的。

搏击健身终极力量与爆发力增强训练

力量是爆发力的两个组成部分之一（另一个是速度）。当你增强力量时，是在为增强爆发力打下基础。爆发力的发展离不开坚实的基础。这可以比作房子的稳定性：如果地基不够牢固，未预见的情况可能会导致房子的倒塌。

为了提高力量与爆发力，我们建议每周至少训练3次，但不要超过4次，以避免过度训练的不良影响。由于力量与爆发力训练是相当激烈的，身体需要在一次锻炼之后适当地休息。如果每周锻炼已经超过4次，那就在健身的过程中适当地进行一些缓和性运动，如下所示。

✓ 周一、周二和周四——力量与爆发力训练。

✓ 周三——休息。

✓ 周五和周六——柔韧性训练。

✓ 周日——休息。

这一章包含了3个级别的训练。初级训练是为那些刚开始锻炼或有一段时间没有锻炼的人而准备的，中级训练是为那些想把自己的力量与爆发力提升到下一个水平的人而准备的。如果你想通过更高要求的训练来增强力量与爆发力，那就进行高级训练。

初级终极力量与爆发力增强训练

如果是刚开始锻炼或者已经有一段时间没有锻炼了，但是想要提高力量与爆发力，以下是可以选择的锻炼方式。图13.1中的这项初级训练旨在一步一步地提高力量与爆发力，能让身体慢慢适应力量与爆发力训练的要求。

热身	进行第5章所介绍的初级热身、中级热身或高级热身				
柔韧性训练	进行2~3种练习，每种1分钟：俯身屈曲，腘绳肌与小腿拉伸，髋部屈曲与转体，髋部旋转，肩部拉伸，侧弓步，弓步转体，仰卧膝触胸，肩部外向拉伸，平板支撑转体，单腿支撑触墙，蜘蛛爬行，脚趾触碰或全身拉伸				
主要阶段	4种拳法爆发性训练组合			半式波比跳，俯卧撑，深蹲跳，背起，平板支撑（3组，每组10~12次）	低强度空击：结合所学技术进行低强度的训练（重复1次，休息2分钟）
	刺拳-交叉拳-刺拳-交叉拳组合（5次，次间休息1分钟）	右勾拳-右勾拳-左勾拳组合（5次，次间休息1分钟）	右上勾拳-右上勾拳-左上勾拳-左上勾拳组合（5次，次间休息1分钟）		
整理运动	腘绳肌与小腿拉伸（每条腿30~40秒），站立位股四头肌拉伸（每条腿30~40秒），仰卧膝触胸（每条腿30~40秒），上背部拉伸（30~40秒），静态胸部拉伸（30~40秒）				

图13.1 初级终极力量与爆发力增强训练

中级终极力量与爆发力增强训练

如果觉得自己已经可以很轻松地完成初级训练，那么图13.2中的中级训练能将你的力量与爆发力提升到下一个水平。

热身	进行第5章所介绍的初级热身、中级热身或高级热身				
柔韧性训练	进行2~3种练习，每种1分钟：俯身屈曲，腘绳肌与小腿拉伸，髋部屈曲与转体，髋部旋转，肩部拉伸，侧弓步，弓步转体，仰卧膝触胸，肩部外向拉伸，平板支撑转体，单腿支撑触墙，蜘蛛爬行，脚趾触碰或全身拉伸				
主要阶段	4种拳法爆发性训练组合			半式波比跳，俯卧撑，深蹲跳，背起，平板支撑（3组，每组10~12次）	低强度空击：结合所学技术进行低强度的训练（重复1次，休息2分钟）
	刺拳-交叉拳-刺拳-交叉拳组合（8次，次间休息1分钟）	右勾拳-右勾拳-左勾拳组合（8次，次间休息1分钟）	右上勾拳-右上勾拳-左上勾拳组合（8次，次间休息1分钟）		
整理运动	腘绳肌与小腿拉伸（每条腿30~40秒），站立位胀四头肌拉伸（每条腿30~40秒），仰卧膝触胸（每条腿30~40秒），上背部拉伸（30~40秒），静态胸部拉伸（30~40秒）				

图13.2 中级终极力量与爆发力增强训练

高级终极力量与爆发力增强训练

如果已经习惯了力量与爆发力的训练，并且想要迅速提高这种训练的水平，那么图13.3中的高级训练则非常实用。这种训练把高强度的锻炼融入日常锻炼中，让身体更加努力地把力量与爆发力提升到更高的水平。

热身	进行第5章所介绍的初级热身、中级热身或高级热身					
柔韧性训练	进行2~3种练习，每种1分钟：俯身屈曲，腘绳肌与小腿拉伸，髋部屈曲与转体，髋部旋转，肩部拉伸，侧弓步，弓步转体，仰卧膝触胸，肩部外向拉伸，平板支撑转体，单腿支撑触墙，蜘蛛爬行，脚趾触碰或全身拉伸训练					
主要阶段	4种拳法爆发性训练组合			步法练习（前、后、左、右）1分钟，空击步法练习（前、后、左、右）1分钟	半式波比跳，俯卧撑，深蹲跳，背起，平板支撑（4组，每组10~12次）	低强度空击：结合所学技术进行低强度的训练（重复1次，休息2分钟）
	刺拳–交叉拳–刺拳–交叉拳组合（10次，次间休息1分钟）	右勾拳–右勾拳–左勾拳–左勾拳组合（8次，次间休息1分钟）	右上勾拳–右上勾拳–左上勾拳–左上勾拳组合（8次，次间休息1分钟）			
整理运动	腘绳肌与小腿拉伸（每条腿30~40秒），站立位股四头肌拉伸（每条腿30~40秒），仰卧膝触胸（每条腿30~40秒），上背部拉伸（30~40秒），静态胸部拉伸（30~40秒）					

图13.3 高级终极力量与爆发力增强训练

6分钟提高力量与爆发力

如果想锻炼力量与爆发力，但是没有太多的时间，这个6分钟的常规训练将会是一个很好的选择，可以替代终极力量与爆发力增强训练。如果只有6分钟的锻炼时间，可以把它作为一项独立的锻炼来完成，或者可以将其添加到本书所介绍的任何锻炼中，以此来增强力量与爆发力。练习内容如下。

➤ 1分钟跳绳（增强腿部力量）。
➤ 2分钟挥拳组合20次（交替刺拳–交叉拳–刺拳–交叉拳20次，以提高手臂速度）。
➤ 3分钟深蹲跳和波比跳（交替进行深蹲跳和波比跳3分钟，以提高爆发力）。

在这一章中，你学习了有趣的训练，以及如何以健康和平衡的方式来执行这些训练，进而提升力量与爆发力。现在是时候提升到终极水平训练了。让我们进入最后一章！

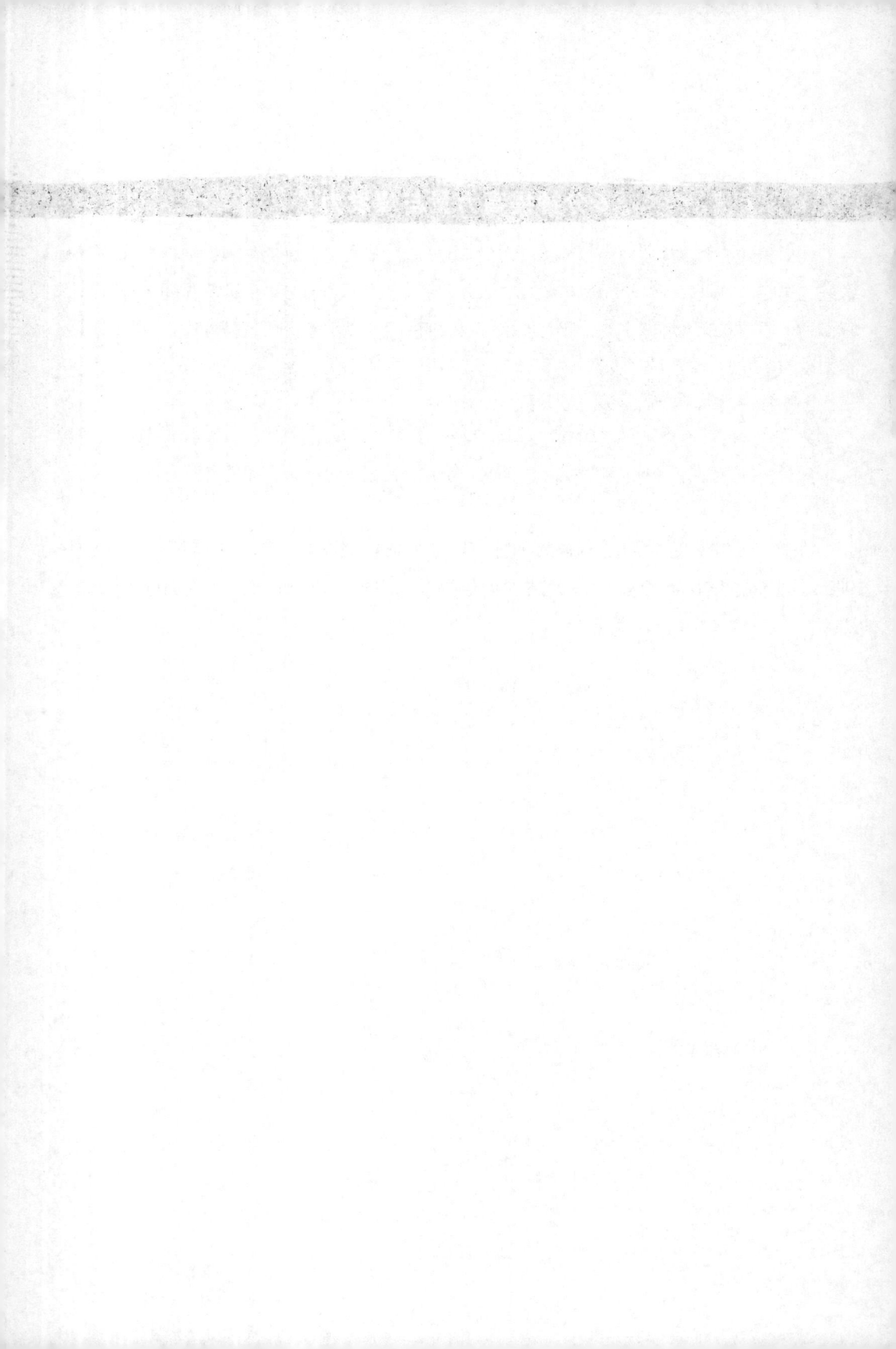

第14章

补充训练

补充训练除了使健身计划多样化之外，还有许多健身益处，例如，可以帮助你保持锻炼的动力。此外，补充训练通过改变日常活动的方式，能够让身体持续适应不断变化的热量燃烧和肌肉使用水平。这一章的补充训练是标准健身计划的有趣的替代品，它提供了多样的选择和诸多益处。

这一章的训练选择包括游泳、骑行和跑步。当整合到一个平衡的搏击健身训练计划中时，它们在体能和健康方面带来了显著的效益。同时，通过提高上、下半身的力量、速度和爆发力，补充训练还能提高搏击的表现水平。

搏击健身训练与游泳运动的融合

游泳是搏击健身训练中一个很好的附加项目，因为它能增强全身的力量。当你使用出拳和出拳组合时，爆发力、整体心肺机能将因此而得到增强。在进行热门步法和跳绳训练时，你就能够体会到相关的效益。

游泳很有趣，不仅可以燃烧大量的热量，而且不会给关节带来过多的负担，因为水可以支撑体重，增强肌肉力量和耐力，提高心肺机能水平。下列好处足以激励你开始游泳，或者提升游泳技能。

✓ 低冲击——由于不涉及地面冲击，游泳的时候，关节不必承受过多的负担。

✓ 发展心肺机能——游泳运动可使全身得到锻炼，从而提高耐力，增加耗氧量，并通过增加每搏输出量来增强心脏功能。

✓ 提升肌肉质量——由于运用手臂向前滑动身体，游泳可以增强肱三头肌力量，并增加肌肉张力。

✓ 快速燃烧热量——游泳是一项惊人的热量燃烧运动，因为它本身就属于一项高强度的运动。根据所使用的技术和游泳的效率，你可以在每小时燃烧500~ 600卡路里的热量，同时还能享受它所带来的健康益处。

接下来，我们将探讨游泳技巧，以及如何将有趣的游泳运动融入搏击健身计划中，从而实现有效的、全面的、平衡的、结构化的身体锻炼。

泳姿

搏击健身计划使用自由游、蛙泳和仰泳来创造一个平衡的锻炼方式，进而与已掌握的搏击技能实现完美融合。

自由游

自由游是一种非常流行的泳姿，也是初学者很容易学会的泳姿。它包括简单的浅打水和风车臂划水。就像仰泳一样，只有腹部承担体重。双腿交替打水，膝关节微微弯曲，双脚放松，使之看起来十分柔软。向下打水是为了向前推进。同时，手臂像风车一样交替运动。双臂以同样的力量划水，以确保自己游成一条直线。在水下，手臂呈S形旋转，双手呈杯状，在收回过程中放松手腕。

由于脸部大部分时间都在水里，要协调呼吸。抬起一只手臂开始划水时，肩部就会抬起，可以把头抬出水面，迅速地换气。请尽可能多地呼吸，当头部回到水中时，用鼻子和嘴呼气。头部转向另一侧，与另一侧手臂相互配合划水。

蛙泳

蛙泳的基本动作如下：拉臂、呼吸、踢水（拉臂与踢水交替进行），身体以上下摆动的方式在水中滑行。膝靠向胸部，然后把腿伸出来，向后伸展，直到伸直为止。然后双腿合在一起推水，使得身体向前游（类似于蛙式踢腿）。手臂伸过头顶，然后划水，当手臂移动到胸部时，双手呈杯状，做一个圆周运动，然后回到起始姿势。每次用手臂划水时都要呼吸。

仰泳

仰泳类似于自由游，因为它也包含了交替的风车臂划水和浅打水。以同等的力量移动手臂，避免游偏，向两侧滚动身体，这样手臂就能抓住足够的水，以此产生向前的推力。双腿交替打水，膝关节微微弯曲，双脚放松，使之看起来非常柔软。向上打水是为了产生前推的力。膝关节微微弯曲。

在仰泳过程中，手臂在旋转和经过面部时呈交替的风车式运动。双手呈杯状，拇指先出水。手在推水时呈"S"形移动。头往后仰，眼睛望向天花板。由于头部始终浮于水面，可以通过仰泳形成自己的呼吸模式。不需要像在其他泳姿中那样，使自己的呼吸与手臂和腿部的动作协调一致。

搏击健身与游泳的融合训练

本节提供3个级别的游泳融合训练。如前所述，游泳对健康有很大好处，而且由于水支撑身体，所产生的冲击非常小。如果关节或肌肉受伤了需要恢复，或者想要强化背部，那么游泳训练将对此非常有帮助。不过重要的是，开始任何健身计划，特别是康复计划之前，应先咨询医学专家的建议。每周在常规健身计划中增加1~2次游泳训练，很快就会体验到这些好处。此外，游泳也是让家人和朋友参与健身的好方法。

初级游泳融合训练

图 14.1 中的初级训练方法旨在通过练习来建立你对所有游泳技巧的信心。

热身	进行第 5 章所介绍的初级热身、中级热身或高级热身		
柔韧性训练	进行 2~3 种练习，每种 1 分钟：俯身屈曲，腘绳肌与小腿拉伸，髋部屈曲与转体，髋部旋转，肩部拉伸，侧弓步，弓步转体，仰卧膝触胸，肩部外向拉伸，平板支撑转体，单腿支撑触墙，蜘蛛爬行，脚趾触碰或全身拉伸		
主要阶段	刺拳与交叉拳（5 组刺拳，每组 10 次，组间休息 8~10 秒；5 组交叉拳，每组 10 次，组间休息 8~10 秒）	刺拳－交叉拳组合（5 组，每组 10 次，组间休息 8~10 秒）	2-2-2-2 模式：2 次向前滑步，1 次刺拳－交叉拳，2 次向后滑步，1 次刺拳－交叉拳，2 次向左滑步，1 次刺拳－交叉拳，2 次向右滑步，1 次刺拳－交叉拳（3 组，每组 2 分钟，组间休息 45 秒）（见第 6 章）
初级游泳训练（30 分钟）	选择一个自己觉得舒服的泳姿。感觉准备好了之后，不间断游 5 分钟，然后休息一下，确保休息时间刚好够喘口气。再游 5 分钟，休息，然后再重复。每次休息后，改变游泳技巧		
整理运动	腘绳肌与小腿拉伸（每条腿 30~40 秒），站立位股四头肌拉伸（每条腿 30~40 秒），仰卧膝触胸（每条腿 30~40 秒），上背部拉伸（30~40 秒），静态胸部拉伸（30~40 秒）		

图14.1　初级游泳融合训练

中级游泳融合训练

如果你对初级训练所需的30分钟游泳充满信心，并且想要一项更具挑战性、更激烈的融合训练，那么图14.2中的中级训练绝对适合你。这项训练将进一步加强你的肌肉力量和肌肉耐力。

热身	进行第5章所介绍的初级热身、中级热身或高级热身
柔韧性训练	进行2~3种练习，每种1分钟：俯身屈曲，腘绳肌与小腿拉伸，髋部屈曲与转体，髋部旋转，肩部拉伸，侧弓步，弓步转体，仰卧膝触胸，肩部外向拉伸，平板支撑转体，单腿支撑触墙，蜘蛛爬行，脚趾触碰或全身拉伸
主要阶段	刺拳与交叉拳（5组刺拳，每组10次，组间休息8~10秒；5组交叉拳，每组10次，组间休息8~10秒） 刺拳-交叉拳组合（5组，每组10次，组间休息8~10秒） 2-2-2-2模式：2次向前滑步，1次刺拳-交叉拳，2次向后滑步，1次刺拳-交叉拳，2次向左滑步，1次刺拳-交叉拳，2次向右滑步，1次刺拳-交叉拳（3组，每组2分钟，组间休息45秒）（见第6章）
中级游泳训练（30分钟）	中级游泳训练旨在改变泳姿和速度，进一步提高身体素质，燃烧更多的热量。感觉准备好了，蛙泳10分钟，然后休息足够长的时间来呼吸。回到初始位置，再游5分钟自由游，休息一下，仰泳10分钟。持续这个模式至少30分钟
整理运动	腘绳肌与小腿拉伸（每条腿30~40秒），站立位股四头肌拉伸（每条腿30~40秒），仰卧膝触胸（每条腿30~40秒），上背部拉伸（30~40秒），静态胸部拉伸（30~40秒）

图14.2 中级游泳融合训练

高级游泳融合训练

如果你已经掌握了初级训练和中级训练中规定的所有训练和游泳动作，并且想要提高耐力、力量和有氧运动水平，那么就可以进行图14.3中所示的高级游泳训练。

热身	进行第5章所介绍的初级热身、中级热身或高级热身		
柔韧性训练	进行2~3种练习，每种1分钟：俯身屈曲，腘绳肌与小腿拉伸，髋部屈曲与转体，髋部旋转，肩部拉伸，侧弓步，弓步转体，仰卧膝触胸，肩部外向拉伸，平板支撑转体，单腿支撑触墙，蜘蛛爬行，脚趾触碰或全身拉伸		
主要阶段	刺拳与交叉拳（5组刺拳，每组10次，组间休息8~10秒；5组交叉拳，每组10次，组间休息8~10秒）	刺拳-交叉拳组合（5组，组间休息8~10秒）	2-2-2-2模式：2次向前滑步，1次刺拳-交叉拳，2次向后滑步，1次刺拳-交叉拳，2次向左滑步，1次刺拳-交叉拳，2次向右滑步，1次刺拳-交叉拳（3组，每组2分钟，组间休息45秒）（见第6章）
高级游泳训练（30分钟）	从泳池边缘开始，将身体下沉到水面下，用腿蹬水，像鱼雷一样张开双臂滑行。开始减速的时候，手臂向两侧伸展，以提供最后的推力，并注意滑行的距离。准备好了，就重复这项练习3分钟，目的是每次都能增加滑行的距离。3分钟后，接着进行5分钟自由游，然后休息一段时间，调整自己的呼吸。接着进行10分钟的蛙泳，再是10分钟的仰泳，最后是2分钟的鱼雷式滑行		
整理运动	腘绳肌与小腿拉伸（每条腿30~40秒），站立位股四头肌拉伸（每条腿30~40秒），仰卧膝触胸（每条腿30~40秒），上背部拉伸（30~40秒），静态胸部拉伸（30~40秒）		

图14.3 高级游泳融合训练

搏击健身训练与骑行运动的融合

骑行是一种低强度的运动，它比跑步或其他高强度的有氧运动更能锻炼关节，同时还能帮助保持体形。它可以强化整个身体，并起到塑形的作用，尤其是下半身。通过定期骑行来补充训练，从而加速减肥，减轻压力，提高整体健康水平。以下是骑行的其他益处。

- ✓ 省钱又环保——骑行不仅能增强体质，而且自行车这种交通工具，既省钱又能对保护环境做出积极的贡献。
- ✓ 燃烧热量——骑行可以锻炼整个身体，帮助燃烧大量的热量。例如，体重80千克的人，骑行一个小时消耗热量600多卡路里，在这个过程中，腿部和臀部也将得到锻炼。
- ✓ 改善拳击表现——骑行可以增强腿部力量，这有利于施展步法技巧并增强心肺机能。遵循一个平衡的骑行计划将有助于进行时间更长、速度更快的拳击训练，因为耐力会更好。

骑行安全

骑行是一个很好的、安全的提高身体平衡性、协调性以及力量和心肺机能的方法。你可以根据自己的喜好选择强度级别，从与他人一起悠闲地骑车到更激烈的冲刺骑行或越野骑行。每个人都有自己适合的东西。无论是在健身房还是在家里尝试骑行锻炼，还是喜欢骑车去上班或在公园里骑行，每周增加1~2次骑行到训练计划中，你会看到效果。

骑行时，一定要戴上头盔，以防摔倒伤到头部。确保头盔佩戴舒适，并位于眉毛上方，而不是向后或向前倾斜。在下巴和皮带之间留出两根手指的空间。出门在外时，请注意以下安全提示。

- ✓ 在转弯、超车或停车前，一定要回头看。
- ✓ 左转或右转之前使用手势。左转之前，左臂向左侧伸展，这样车里的人、行人、骑摩托车的人或其他骑行的人就得到转弯信号。右转时，向右伸展右臂。
- ✓ 不要在人行道上骑车，除非有相关的许可标志。

✓ 在拥挤或狭窄的道路上，不要在别人旁边骑行。

✓ 任何时候都要留意交通信号灯和路标。

✓ 超车时，要注意汽车的车门是否会突然打开，并留有安全超车的余地。

✓ 骑行时不要戴耳机或使用手机。

✓ 检查自行车车灯是否工作正常。

搏击健身与骑行的融合训练

在日常锻炼方案中加入一个骑行融合训练，以此来增强心肺机能以及身体各部位，尤其是大腿的耐力和力量。这一章提供3个级别的骑行融合训练。请简单地将所选择的骑行训练加入日常锻炼中去。除了有利于健康和健身，骑行也能够帮助你理清思绪，提高能量水平。

初级骑行融合训练

　　骑行融合训练能提高整体心肺机能以及身体的平衡性和协调性。图14.4所示的初级训练将低强度骑行计划整合到了训练当中。如果从住的地方到工作地点所花时间不超过20分钟，为什么不骑车去上班呢？用利于健康的交通方式开始美好的一天，同时提高自己的体能水平。掌握了基本的锻炼方法之后，如果想要挑战自己，就进行中级训练。

热身	进行第5章所介绍的初级热身、中级热身或高级热身		
柔韧性训练	进行2~3种练习，每种1分钟：俯身屈曲，腘绳肌与小腿拉伸，髋部屈曲与转体，髋部旋转，肩部拉伸，侧弓步，弓步转体，仰卧膝触胸，肩部外向拉伸，平板支撑转体，单腿支撑触墙，蜘蛛爬行，脚趾触碰或全身拉伸		
主要阶段	刺拳与交叉拳（5组刺拳，每组10次，组间休息8~10秒；5组交叉拳，每组10次，组间休息8~10秒）	刺拳-交叉拳组合（5组，组间休息8~10秒）	2-2-2-2模式：2次向前滑步，1次刺拳-交叉拳，2次向后滑步，1次刺拳-交叉拳，2次向左滑步，1次刺拳-交叉拳，2次向右滑步，1次刺拳-交叉拳（3组，每组2分钟，组间休息45秒）（见第6章）
初级骑行训练（30分钟）	选择一条骑行路线，在相对平坦的地形上，以稳定、舒适的速度骑行至少30分钟。这是一个让你在进入下一个阶段之前有个良好开端的简单方法。如果可以，选择一条风景优美的路线（例如，穿过公园或自然步道），让骑行更愉快		
整理运动	腘绳肌与小腿拉伸（每条腿30~40秒），站立位股四头肌拉伸（每条腿30~40秒），仰卧膝触胸（每条腿30~40秒），上背部拉伸（30~40秒），静态胸部拉伸（30~40秒）		

图14.4　初级骑行融合训练

中级骑行融合训练

图14.5所示的中级骑行融合训练通过在自行车上做不同的姿势来提高心肺机能和加强下半身肌肉。当你觉得这些锻炼很容易了之后，是时候进行更高级的训练了，为自己的身体提供更有活力、更具挑战性的锻炼。

热身	进行第5章所介绍的初级热身、中级热身或高级热身		
柔韧性训练	进行2~3种练习，每种1分钟：俯身屈曲，腘绳肌与小腿拉伸，髋部屈曲与转体，髋部旋转，肩部拉伸，侧弓步，弓步转体，仰卧膝触胸，肩部外向拉伸，平板支撑转体，单腿支撑触墙，蜘蛛爬行，脚趾触碰或全身拉伸		
主要阶段	刺拳与交叉拳（5组刺拳，每组10次，组间休息8~10秒；5组交叉拳，每组10次，组间休息8~10秒）	刺拳–交叉拳组合（5组，组间休息8~10秒）	2-2-2-2模式：2次向前滑步，1次刺拳–交叉拳，2次向后滑步，1次刺拳–交叉拳，2次向左滑步，1次刺拳–交叉拳，2次向右滑步，1次刺拳–交叉拳（3组，每组2分钟，组间休息45秒）（见第6章）
中级骑行训练（30分钟）	这种更高级的训练方式不仅可以锻炼大腿，增强耐力，更能增强心肺机能可以在固定式自行车或公路自行车上进行该训练 0~5分钟：以稳定的速度骑车 5~20分钟：每隔1.5分钟，站立45秒，注意力集中在腿部、臀部和核心肌肉上 20~25分钟：以最快的速度骑行上山，然后回到山下，再来一遍 25~30分钟：以稳定的速度骑行，放松		
整理运动	腘绳肌与小腿拉伸（每条腿30~40秒），站立位股四头肌拉伸（每条腿30~40秒），仰卧膝触胸（每条腿30~40秒），上背部拉伸（30~40秒），静态胸部拉伸（30~40秒）		

图14.5 中级骑行融合训练

高级骑行融合训练

图14.6所示的高级骑行融合训练将注重健身技巧的终极拳击与有趣的增强耐力与力量的骑行训练相结合，这样就使得你可以在保持良好体形的同时极大地提高整体健康和体能水平。

热身	进行第5章所介绍的初级热身、中级热身或高级热身		
柔韧性训练	进行2~3种练习，每种1分钟：俯身屈曲，腘绳肌与小腿拉伸，髋部屈曲与转体，髋部旋转，肩部拉伸，侧弓步，弓步转体，仰卧膝触胸，肩部外向拉伸，平板支撑转体，单腿支撑触墙，蜘蛛爬行，脚趾触碰或全身拉伸		
主要阶段	刺拳与交叉拳（5组刺拳，每组10次，组间休息8~10秒；5组交叉拳，每组10次，组间休息8~10秒）	刺拳－交叉拳组合（5组，组间休息8~10秒）	2-2-2-2模式：2次向前滑步，1次刺拳－交叉拳，2次向后滑步，1次刺拳－交叉拳，2次向左滑步，1次刺拳－交叉拳，2次向右滑步，1次刺拳－交叉拳（3组，每组2分钟，组间休息45秒）（见第6章）
高级骑行训练（30分钟）	可以在固定式自行车或公路自行车上进行该训练 0~5分钟：以稳定的速度骑车 5~17分钟：每隔1分钟站立2分钟，注意力集中在腿部、臀部和核心肌肉上 17~25分钟：利用斜坡或齿轮来改变阻力 25~30分钟：以稳定的速度骑车，放松		
整理运动	腘绳肌与小腿拉伸（每条腿30~40秒），站立位股四头肌拉伸（每条腿30~40秒），仰卧膝触胸（每条腿30~40秒），上背部拉伸（30~40秒），静态胸部拉伸（30~40秒）		

图14.6 高级骑行融合训练

搏击健身训练与跑步运动的融合

由于跑步可以自然地改善心肺机能、耐力水平和整体健康状况，在搏击健身训练中，跑步是一项很好的补充训练。它可以提升打拳的速度以及持续时间，可以在步法和跳绳技能的训练中恰当进行这项练习。

根据美国运动医学会（American College of Sports Medicine）的研究，与每周跑步不足 10 英里（1 英里≈1.61 千米）的人相比，每周跑步超过 50 英里的美国人体内高密度脂蛋白胆固醇（一种有益胆固醇）水平明显更高，体内脂肪含量和患冠心病的风险也明显更低。此外，长跑运动员的血压降低了近 50%，而且降低血压和胆固醇水平的药物的使用率降低了 50% 以上。如果将跑步整合到搏击健身计划中，身体和精神层面将得到很好好处，其中包括以下几点。

✓ 改善心肺机能——跑步可以增强心脏，这样心脏就可以在每一次跳动的时候输送更多的血液，为肌肉输送更多的氧气。跑步通过增强刺激肌肉的酶和激素的活性来增强心肺机能，使心脏工作更有效率。

✓ 塑造一个更有轮廓、更瘦的体格——跑步对肌肉塑形很有好处，特别是腿部和手臂的肌肉，因为在正确跑步时，这些肌肉会发挥出很大的作用。

✓ 燃烧热量——作为一项以心肺为基础的健身活动，跑步对燃烧热量很有好处，因为它能让身体更加努力地训练，增强肌肉的紧张感。

✓ 适用于任何体能水平——跑步是一项简单的活动，随着体能的逐渐提升，跑步的强度也将有所提高。可以从轻快的步行开始，逐渐发展成步行–跑步结合，最后到持续的跑步运动。

✓ 缓解压力——跑步有助于减压，让头脑清醒，身体重新充满活力。

为了获得更大的健康和健身益处，请将跑步纳入锻炼计划中，每周 3~5 次，让心率达到其最大值的 55%~90%。为了使跑步运动在锻炼心脏、肌肉和燃烧热量方面的作用最大化，请每天跑 30 分钟。

恰当的跑步技术

如同其他任何运动一样，技术在跑步中也是非常重要的。跑步期间，对姿势的关注既有利于避免受伤，又能获得很大的好处。

要想跑得好，请保持身体挺直，向前看，挺起胸腔，这样就能充分地呼吸。肩部、脸部和躯干应该放松，如果紧张，可能会限制运动和呼吸。保持手臂靠近身体，前后摆动手臂，而不是横着摆动，这样可以减少躯干的转动。肘部弯曲90度，放松，双手呈杯状，拇指轻触食指上半部分。

搏击健身与跑步的融合训练

本部分提供3个等级的跑步融合训练。跑步运动能够带来很多好处。很显然，它有利于心肺和肌肉的健康，同时能够缓解压力和紧张。许多跑步者会体验到他们所谓的跑步者的兴奋，因为跑步时会释放让人愉悦的激素。就像骑行一样，可以选择自己适合的水平，从温和的慢跑到冲刺，既可以在室外或室内跑道上跑步，也可以在健身房或家里的跑步机上跑步。

以一种有挑战性但可以达到的强度水平开始跑步，并在此基础上进行锻炼。虽然好处将取决于跑步的频率，但每次跑步后都会发现整体健康状况得到了改善。每周进行1~2次中等强度的跑步运动，这样搏击健身计划将得到很好的补充。

初级跑步融合训练

如果是刚开始跑步，图14.7所示的初级训练会让身体习惯以稳定的速度跑步，慢慢地提升耐力。觉得初级训练太简单，需要更多挑战时，就进行中级训练。

热身	进行第5章所介绍的初级热身、中级热身或高级热身		
柔韧性训练	进行2~3种练习，每种1分钟：俯身屈曲，腘绳肌与小腿拉伸，髋部屈曲与转体，髋部旋转，肩部拉伸，侧弓步，弓步转体，仰卧膝触胸，肩部外向拉伸，平板支撑转体，单腿支撑触墙，蜘蛛爬行，脚趾触碰或全身拉伸		
主要阶段	刺拳与交叉拳（5组刺拳，每组10次，组间休息8~10秒；5组交叉拳，每组10次，组间休息8~10秒）	刺拳－交叉拳组合（5组，组间休息8~10秒）	2-2-2-2模式：2次向前滑步，1次刺拳－交叉拳，2次向后滑步，1次刺拳－交叉拳，2次向左滑步，1次刺拳－交叉拳，2次向右滑步，1次刺拳－交叉拳（3组，每组2分钟，组间休息45秒）（见第6章）
初级跑步融合训练（30分钟）	争取做30分钟既适合自己又能挑战自己目前体能水平的运动。先进行5分钟的快速步行热身。准备好了之后，就开始慢跑。如果上气不接下气，那就慢下来，继续慢跑或快步走，直到喘过气来为止。这可能需要1~2分钟。请尽可能快地减少步行的时间。一旦喘过气来，再慢跑一次，直到觉得身体快承受不住为止。这时，再走一遍。请于30分钟内重复这一系列的步行和慢跑。坚持使用这个方法就会发现，随着时间的推移，自己可以增加慢跑的时间，减少步行的时间，直到最后可以慢跑30分钟。规划好路线，以欣赏沿途的美景，更好地享受跑步运动		
整理运动	腘绳肌与小腿拉伸（每条腿30~40秒），站立位股四头肌拉伸（每条腿30~40秒），仰卧膝触胸（每条腿30~40秒），上背部拉伸（30~40秒），静态胸部拉伸（30~40秒）		

图14.7　初级跑步融合训练

中级跑步融合训练

如果已经有一些跑步经验，图14.8所示的中级跑步融合训练将帮助你达到更高的跑步水平，进一步提高耐力和心肺机能。

热身	进行第5章所介绍的初级热身、中级热身或高级热身
柔韧性训练	进行2~3种练习，每种1分钟：俯身屈曲，腘绳肌与小腿拉伸，髋部屈曲与转体，髋部旋转，肩部拉伸，侧弓步，弓步转体，仰卧膝触胸，肩部外向拉伸，平板支撑转体，单腿支撑触墙，蜘蛛爬行，脚趾触碰或全身拉伸
主要阶段	刺拳与交叉拳（5组刺拳，每组10次，组间休息8~10秒；5组交叉拳，每组10次，组间休息8~10秒） 刺拳－交叉拳组合（5组，组间休息8~10秒） 2-2-2-2模式：2次向前滑步，1次刺拳－交叉拳，2次向后滑步，1次刺拳－交叉拳，2次向左滑步，1次刺拳－交叉拳，2次向右滑步，1次刺拳－交叉拳（3组，每组2分钟，组间休息45秒）（见第6章）
中级跑步融合训练（30分钟）	以稳定的步伐奔向远处预设的路灯，到达后加快步伐。将自己的呼吸频率控制在正常状态，如果呼吸变得有点困难，心肺系统有些吃力，那么到达第二个标识（例如，下一个路灯）后，就放慢步伐，将速度降至低于正常跑速，身体各方面（如呼吸）完全恢复之前，请保持这个速度。30分钟内，请重复这些间歇练习
整理运动	腘绳肌与小腿拉伸（每条腿30~40秒），站立位股四头肌拉伸（每条腿30~40秒），仰卧膝触胸（每条腿30~40秒），上背部拉伸（30~40秒），静态胸部拉伸（30~40秒）

图14.8　中级跑步融合训练

高级跑步融合锻炼

如果已经是一个有经验的跑步者（例如，每周至少跑3次30分钟的路程或更多），并且觉得初级和中级跑步融合训练太简单，那么可以尝试图14.9所示的高级训练。

热身	进行第5章所介绍的初级热身、中级热身或高级热身		
柔韧性训练	进行2~3种练习，每种1分钟：俯身屈曲，腘绳肌与小腿拉伸，髋部屈曲与转体，髋部旋转，肩部拉伸，侧弓步，弓步转体，仰卧膝触胸，肩部外向拉伸，平板支撑转体，单腿支撑触墙，蜘蛛爬行，脚趾触碰或全身拉伸		
主要阶段	刺拳与交叉拳（5组刺拳，每组10次，组间休息8~10秒；5组交叉拳，每组10次，组间休息8~10秒）	刺拳-交叉拳组合（5组，组间休息8~10秒）	2-2-2-2模式：2次向前滑步，1次刺拳-交叉拳，2次向后滑步，1次刺拳-交叉拳，2次向左滑步，1次刺拳-交叉拳，2次向右滑步，1次刺拳-交叉拳（3组，每组2分钟，组间休息45秒）（见第6章）
高级跑步融合训练（30分钟）	在空气新鲜的环境进行25米×4（每次100米）的山坡冲刺，以进一步加快新陈代谢。从山脚开始，在25米开外固定一点，然后朝着它冲刺。到达那个点时，转身以稳定速度慢跑回到起点。到达起点后，切换至25米的冲刺练习，重复4次，每次冲刺之间休息2分钟（总共400米）。开始山坡冲刺之前，请花点时间想象一下自己将会达到什么目标。当风从头顶呼啸而过时，感受体内的能量脉动。使画面尽可能地明亮和清晰。以速度稳定的慢跑作为结束，让身体恢复。这样做时，请回想一下自己在健身过程中取得的成绩，以及自己离健身目标的距离有多远。不要忘记在每次锻炼结束后做拉伸运动		
整理运动	腘绳肌与小腿拉伸（每条腿30~40秒），站立位股四头肌拉伸（每条腿30~40秒），仰卧膝触胸（每条腿30~40秒），上背部拉伸（30~40秒），静态胸部拉伸（30~40秒）		

图14.9 高级跑步融合训练

就这样！各位已经历了一段奇妙的锻炼旅程，这将对健康、体能和整体幸福感产生巨大的影响。这一章提供了最后的建议：将有趣的锻炼方式融入你的训练计划和生活中。保持良好的状态，需要新的灵感时，再拿起本书，选择适合自己的锻炼方式。

作者简介

马丁·麦肯齐（Martin McKenzie）是一位运动专家、明星教练、拳击顾问、出色运动表现与转换教练。他也是搏击训练发展有限公司的创始人。这是一家独特的公司，开发了高能量搏击健身课程，并为健身专业人士提供认证课程和特许经营权。本书中介绍的锻炼方法是搏击健身训练系统的一部分，受到了全世界成千上万人的喜爱。麦肯齐的身心训练系统采用了独特的方法，首先让大脑参与，从而在身体上产生特定的效果，比如提高速度、爆发力和精准度，以及健康地快速减肥。麦肯齐的方法受到了名人、出色的运动员和想要在保持身心最佳状态的同时达到最佳竞技状态的人的追捧。

麦肯齐的方法让拳击冠军和综合格斗高手在更短的时间内获得了至关重要的竞争优势，从而避免了受伤的情况。多年来，他一直与英国高档的俱乐部合作，提高俱乐部成员的整体健身和健康水平。麦肯齐还与英国政府合作，以解决全球范围内的肥胖问题。

由于他的成功实践，麦肯齐为福布斯500强公司制定了战略和干预措施，并为世界各地的组织举办讲座和提供培训课程。

斯蒂芬妮·基什内（Stefanie Kirchne）是一位受人尊敬的整体健康治疗师、生活方式教练和营养治疗师，在伦敦久负盛名的哈利街开了一家私人诊所。她为包括出色的运动员和名人在内的客户设计独特的生活方式和饮食计划。基什内还为慈善组织提供咨询服务。

译者简介

韩克

MFT心武格斗健身体系创始人，理念时代超级新思内容共创大会发起人、如一品牌管理咨询创始人，3F健身管理培训联合创始人，耐克（中国）签约高级教练、导师。5岁时开始练习体操，为国家级运动健将，曾获全国体操冠军；2002年成为国内首批健身私人教练，并获多项专业认证；2004年进入健身俱乐部管理领域，曾为中体倍力最年轻的俱乐部总经理；2007年加入上海一兆韦德，担任私人教练（技术）总监，负责旗下50多家店面的私人教练管理、销售及培训工作，在行业首创了"私教节"以及格斗健身课程"Real Boxing"；2010年独自创业，创建了MFT心武格斗健身体系，为全国上千家健身俱乐部提供专业的特色课程产品化及咨询管理服务；2012年与健身行业资深前辈张林老师以及业内顶级专家樊澄老师联合创办了3F健身管理培训，在过去9年间为近万名健身俱乐部的投资人和管理者提供管理培训及咨询服务；同时作为耐克（中国）签约高级教练、导师，曾指导过多名艺人的私人训练；在每年的耐克超级健身盛典中担任私人教练课程管理的导师。